MW01130787

Secretos

DE CHICAS

BY PATRY JORDAN

Secretos
DE CHICAS
BY PATRY JORDAN

YOUNG ADULT

Altea

Secretos de chicas

Primera edición: mayo de 2016

D. R. © 2015, Patry Jordan

D. R. © 2015, Penguin Random House Grupo Editorial, S. A de C. V.
Blvd. Miguel de Cervantes Saavedra núm 301, 1er piso,
colonia Granada, delegación Miguel Hidalgo, C. P. 11520,
México D. F.

www.megustaleer.com.mx

D. R. © 2015, Cristina Alonso, por las ilustraciones

ISBN: 978-607-314-052-2

Impreso en México – Printed in Mexico

El papel utilizado para la impresión de este libro ha sido fabricado a partir de madera procedente
de bosques y plantaciones gestionadas con los más altos estándares ambientales, garantizando
una explotación de los recursos sostenible con el medio ambiente y beneficiosa para las personas.

Penguin
Random House
Grupo Editorial

INTRODUCCIÓN

Después de tantos meses de trabajo, esfuerzo y dedicación, al fin puedo decir que tengo un libro propio. Es una gran satisfacción y me ha hecho especial ilusión haber tenido la oportunidad de realizar un proyecto tan bonito como este. Es muy gratificante saber que aquello que estoy haciendo le sirve a muchas chicas que me siguen y que, ahora, empezarán a leerme.

Muchas veces nos falta autoestima y vivimos acomplejadas, más de lo que deberíamos, y yo siempre digo que para poder vernos guapas por fuera también tenemos que sentirnos y vernos guapas por dentro.

Para ello, tenemos que buscar algo que nos guste, que nos haga sentir bien y que nos motive (un deporte o un hobbie, por ejemplo), además de cuidar y respetar a las personas que nos rodean. ¡Y lo más importante!, querernos y mimarnos mucho, porque si no, ¿quién lo va a hacer por nosotras?

Así que no dejemos que nada ni nadie nos frene en nuestro crecimiento personal, y menos aún nos influya en nuestra forma de vestir, peinarnos o maquillarnos. Debemos conocernos y aceptarnos, para aprender a disimular aquello que no nos gusta (sin que los complejos nos gobiernen) y a sacar y mostrar todo lo bueno que tenemos, que seguro que no es poco. Debemos fiarnos de nuestro criterio, porque nadie nos conoce mejor que nosotras mismas. Y recuerden, lo más importante es aprender a sentirse bien, y todo lo demás es superfluo.

Espero que estas páginas te sirvan para poder sacarte el máximo partido, y te ayuden a ver que no hace falta ser perfectas para estar guapas porque, de hecho, no hay nadie perfecto.

CUIDADO DE LA PIEL

TIPO DE PIEL

¿CÓMO SABER CUÁL ES LA TUYA?

$\mathcal{M}$uchas veces usamos cualquier tipo de producto para cuidar nuestro rostro: una crema hidratante que nos atrae por su empaque o marca, un sérum facial que hemos visto por la televisión, un exfoliante que nos ha recomendado una amiga, etcétera. Pero la piel de cada persona es única, y como tal tiene unas necesidades específicas que hay que cubrir. ¿Sabes qué tipo de piel tienes? En este apartado vamos a ver cómo descubrir qué tipo de piel tenemos y sus cuidados básicos, porque siempre digo que una piel bonita y radiante es aquella que mimamos con productos específicos.

¿QUÉ TIPO DE PIEL ENCONTRAMOS Y CÓMO LAS TENEMOS QUE TRATAR?

Para saberlo, tenemos que escuchar muy bien a nuestra piel y guiarnos mucho por nuestras sensaciones. ¡Ahí van!

PIEL GRASA

Se caracteriza por tener un aspecto brillante (incluso poco rato después de lavar el rostro) y por la presencia de granitos e imperfecciones. A simple vista se ven los poros un poco más dilatados y apenas hay arrugas.

¿QUÉ PRODUCTOS ESPECÍFICOS USAREMOS? Apostaremos por productos purificantes y limpiadores, productos libres de aceites (ya sean cremas hidratantes o bases de maquillaje) y productos no comedogénicos (que ayudan a impedir la formación de acné). Aprovecho para comentar que es muy importante no lavar la piel en exceso (eso que las chicas que tienen la piel grasa hacen tanto), porque lo único que conseguiremos es que produzca aún más grasa.

¿QUÉ EVITAREMOS? Tocarnos demasiado la cara, exfoliantes y tónicos agresivos que contengan mucho alcohol y cremas hidratantes y bases de maquillaje que contengan aceite.

FALSA CREENCIA

LAS PIELES GRASAS NO NECESITAN CREMA HIDRATANTE.
¡ES TOTALMENTE FALSO!

Tienes que saber que el exceso de grasa no tiene nada que ver con la pérdida de agua del rostro. Las pieles grasas también se deshidratan, por lo que hay que usar una crema hidratante adecuada (libre de aceites).

PIEL MIXTA

Se puede reconocer fácilmente porque hay dos zonas claramente diferenciadas: una grasa y otra más seca. La grasa se encuentra, sobre todo, en la zona T del rostro (frente, nariz y barbilla), mientras que la zona seca la podemos localizar en los pómulos y alrededor de los ojos.

¿QUÉ PRODUCTOS ESPECÍFICOS UTILIZAREMOS?

Lo ideal sería utilizar productos para piel grasa en la zona T y productos para piel seca en pómulos y alrededor de los ojos, pero si solo quieres adquirir un producto es mejor que elijas uno específico para pieles grasas. También te recomiendo que busques mascarillas nutritivas y cremas hidratantes con protección solar.

¿QUÉ EVITAREMOS?

Igual que con las pieles grasas, evitaremos usar productos que contengan aceite, productos agresivos que contengan alcohol, lavarnos el rostro constantemente con agua caliente y tocarnos mucho la cara.

⊙ IMPORTANTE ⊙

Es muy importante desmaquillarse siempre antes de ir a dormir, aunque hayamos salido de fiesta y llegado muy tarde a casa, no solo para eliminar los restos de maquillaje que tenemos en el rostro y dejar respirar la piel, sino también para eliminar la contaminación de la calle que obstruye nuestros poros y propicia la aparición de imperfecciones y granitos. Ya sabemos que da flojera, ¡es vital crear el hábito!

PIEL SECA

La reconoceremos porque se nos descama muy rápidamente. Es apagada y apenas se notan los poros de la piel. Eso quiere decir que está reseca, por lo que la notaremos áspera y tirante.

Pero no debemos confundirnos: tener la piel seca no es lo mismo que tener la piel deshidratada. La sequedad es un estado de la piel, mientras que la deshidratación es una condición, es decir, algo puntual. Nuestra piel (ya sea grasa, seca o mixta) puede deshidratarse por varias razones: cuando está en contacto con el frío o el calor, con los cambios drásticos de temperatura, con la exposición al sol, etcétera. Es por eso que una piel puede estar deshidratada, tener arruguitas y tener algún granito molesto de esos que no nos gustan nada.

Esto es muy importante saberlo porque muchas veces confundimos una piel seca con una piel deshidratada, y la tratamos de una forma incorrecta.

POR EJEMPLO: supongamos que tienes una piel mixta-grasa y tu piel está deshidratada, es decir, tienes un exceso de grasa en el rostro y encima te falta agua. ¿Cómo lo solucionas? Pues bien, yo te recomiendo que uses un sérum que aporte hidratación a tu piel: le darás toda el agua que necesita pero sin agregarle nada de grasa. Es decir, tienen que ser productos a base de agua, y no de aceite. Además, no dejes de usar tus cremas habituales libres de aceite. Lo que yo también te recomiendo es que te hidrates por dentro bebiendo entre 1 y 2 litros de agua al día, además de tomar jugos naturales.

PERO ¿CÓMO RECONOCER UNA PIEL DESHIDRATADA? La reconoceremos fácilmente por la aparición de pequeñas arrugas en las mejillas si nos presionamos la piel de esa zona hacia arriba. Otro método que no falla es usar mascarillas hidratantes o sérum tal como ya comenté. Si empiezas a usarlas y poco a poco tu rostro mejora, tu problema era deshidratación. En cambio, si con la aplicación de este tipo de cremas tu piel sigue tirante y las arrugas permanecen, es que tienes una piel más bien seca.

SÉ CONSTANTE Y SEGURO QUE NO TARDARÁS EN VER LOS RESULTADOS.

¿QUÉ PRODUCTOS ESPECÍFICOS UTILIZAREMOS? Escogeremos productos que retengan el agua de nuestra propia piel, como cremas hidratantes nutritivas (tanto de día como de noche), productos con vitamina E, ácido hialurónico, aceite de aguacate y aceite de argán. Tus mejores aliados serán aquellos de textura aceitosa, densa y untuosa.

¿QUÉ EVITAREMOS? Productos que contengan alcohol, exponernos demasiado rato al sol sin factor de protección solar y lubricar la piel en exceso.

PIEL SENSIBLE

Cuestan un poquito más de reconocer, pero las podemos distinguir porque se irritan con mucha facilidad, tienen zonas secas donde la piel se descama, aparecen manchas rojas y comezón, y normalmente dan sensación de tirantez. Además, estas pieles reaccionan a ciertos componentes de productos cosméticos.

DESCAMACIÓN
MANCHAS ROJAS
COMEZÓN
TIRANTEZ

¿QUÉ PRODUCTOS ESPECÍFICOS BUSCAREMOS? Ante todo, productos hipoalergénicos o probados dermatológicamente, que no contengan alcohol, fragancias ni perfumes y que contengan propiedades calmantes, como la manzanilla o el áloe vera.

¿QUÉ EVITAREMOS? Es muy importante dejar de lado los cosméticos que contengan alcohol y que sean agresivos. Si nos exponemos al sol, es muy importante usar factor de protección solar, porque el sol y las altas temperaturas potencian mucho más los síntomas de este tipo de piel.

PIEL NORMAL

La piel normal es una piel que está equilibrada, muy parecida a la de un bebé. Se ve lisa, elástica y sin arrugas. Lo bueno de estas pieles es que tienen muy buena tolerancia a los jabones y resisten los cambios de temperatura. Eso sí, una piel normal no es para siempre, eso tenlo claro. ¡La piel normal la tiene un bebé! Los cambios que va sufriendo nuestro organismo durante el paso de los años pueden transformar nuestra piel normal en seca o mixta.

¿Aún no sabes qué tipo de piel tienes o quieres asegurarte?

¡REALIZA EL TEST Y CONFÍRMALO!

		PIEL SECA	PIEL SENSIBLE
1	¿TE BRILLA LA PIEL DEL ROSTRO?	No, es más bien apagada	
2	¿CÓMO NOTAS TU ROSTRO DESPUÉS DE LIMPIARLO?	Muy tirante, a veces se descama	Un poco rojo
3	¿SUELEN APARECERTE GRANITOS?	Nunca	Me suelen salir granitos muy pequeñitos
4	¿QUÉ ASPECTO TIENEN TUS POROS?	Más bien pequeños, apenas se ven	
5	AL FINAL DEL DÍA, TU BASE DE MAQUILLAJE SE VE...	En algunas zonas se agrieta	Tengo que vigilar qué base elijo porque algunas me irritan la piel
6	¿CUÁL DE ESTOS PRODUCTOS USAS MÁS A DIARIO?	Crema hidratante para que mi piel sea más elástica	
7	¿CÓMO TE AFECTA EL CLIMA?	Con el frío me salen grietas	Con los cambios de temperatura se me irrita fácilmente
8	EL TACTO DE TU CUTIS ES...	Un poco áspero en todo su conjunto	Bastante fino

PIEL MIXTA	PIEL GRASA	PIEL NORMAL
En la zona central del rostro (frente, nariz, barbilla)	Sí, casi siempre	Alguna vez
A veces un poco tirante, sobre todo en las mejillas	Graso y brillante	Bien
A veces, mayoritariamente en la zona T	Sí, casi todos los días	Muy de vez en cuando
Tengo poros abiertos en la zona T	En general, bastante grandes y abiertos, sobre todo en la nariz	Son imperceptibles
	Brillante	No uso base de maquillaje
Corrector para tapar pequeñas imperfecciones	Base de maquillaje para cubrir todas mis imperfecciones y polvos matificantes para que no me salgan tantos brillos	Lápiz de ojos o máscara de pestañas, porque no hace falta que cubra mi piel
En verano la zona del centro me brilla más	En verano mi piel es mucho más grasa	Me afecta un poco si no la protego del sol y del frío
Hay días que más graso que otros	Graso casi siempre	Suave

PASOS BÁSICOS
PARA EL CUIDADO DE LA PIEL

odas o casi todas tenemos una amiga, una prima, una hermana, una abuela e incluso una madre obsesionadas en ponerse cremas y productos, y en recordarnos la importancia de limpiarse el rostro y desmaquillarlo correctamente por las noches, diciéndonos que nos van a salir arrugas y granitos si no lo hacemos.

¡Y RAZÓN NO LES FALTA!
pero la verdad es que esto va más allá de las arrugas y granitos

Establecer una rutina de belleza, tanto por la mañana como por la noche, es muy importante para tener un buen tono de piel, para que el maquillaje luzca impecable y para que el cutis se vea bonito, con vida. No basta solo con desmaquillar y limpiar —sí, aunque a veces da flojera no basta solo con eso—, también hay que exfoliar, tonificar, tratar e hidratar. Es por eso que en estas pocas páginas voy a detallar cada paso de una rutina de belleza básica y los productos con los que puedes realizarla.

Para un cuidado de la piel completo, tienes que conocer estos cinco pasos básicos:

LIMPIAR,
EXFOLIAR,
TONIFICAR,
TRATAR E
HIDRATAR.

¿Ya los haces todos? ¡Espero que no olvides ninguno!

Por lo general, creo que lo ideal es limpiar la piel dos veces al día, una por la mañana y otra por la noche, para poder lucir una piel cuidada y saludable.

Podemos encontrar muchísimos productos de limpieza en el mercado: toallitas desmaquillantes, geles, jabones, leches limpiadoras y solución micelar.

Debo decir que aunque no vayamos maquilladas, siempre es muy importante limpiar la piel para retirar el exceso de grasa y la contaminación de la calle que puede haber quedado en nuestros poros. Yo recomiendo que utilices aquel producto que te dé una mayor sensación de limpieza, y que se adapte a tu tipo de piel, claro está.

Por ejemplo: a mí me gusta la sensación refrescante que me aporta un jabón porque se aclara con agua. Además, es ideal para las pieles grasas.

En cambio, la mejor opción para las pieles sensibles o secas sería un gel o leche limpiadora. Así que no te dejes guiar por la tendencia del momento, sino por aquello que realmente funciona bien en tu piel.

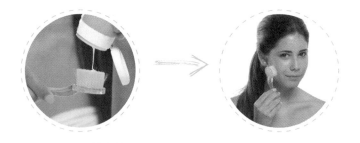

💬 TRUCO

SI TIENES LA PIEL GRASA O MIXTA, TE RECOMIENDO QUE USES ESTE TIPO DE CEPILLOS PORQUE VAN GENIAL PARA DEJAR LA PIEL MUCHO MÁS LIMPIA. ¡SON ECONÓMICOS Y FÁCILES DE ENCONTRAR!

Si te desmaquillas con leche limpiadora, utiliza dos almohadillas de algodón circulares y siempre haciendo movimientos ascendentes.

RECUERDA

⬆⬆ MOVIMIENTOS ASCENDENTES ⬆⬆

Utiliza una almohadilla de algodón para cada ojo,

para no traspasar posibles infecciones de uno al otro.

🧠 TRUCO

DESMAQUILLA PRIMERO LOS LABIOS SI LOS LLEVAS MAQUILLADOS EN COLORES FUERTES. LO PUEDES HACER SUJETANDO UN EXTREMO DE LA BOCA Y ARRASTRANDO LA ALMOHADILLA DE ALGODÓN CON UN POCO DE LECHE LIMPIADORA HACIA EL OTRO LADO.

Para desmaquillarte con toallitas, es mejor no frotar mucho la piel para que no se irrite. Es mejor hacerlo con suavidad.

RECUERDA

CON SUAVIDAD...

Si llevas delineadores y máscaras de pestañas resistentes al agua, es mejor que utilices un desmaquillante de ojos a base de aceite para retirarlos con mayor facilidad y no tener que frotar mucho esa zona tan sensible. Puedes utilizar unos bastoncillos de algodón con desmaquillante para ojos para acabar de limpiar bien las pestañas.

Para limpiar el rostro por la mañana, lo mejor es utilizar una solución micelar para oxigenar la piel y prepararla antes del maquillaje.

🖋 TRUCO

SI TE CUESTA RETIRAR LOS PRODUCTOS WATERPROOF DEL OJO, PRESIONA UNA ALMOHADILLA CON UN POCO DE PRODUCTO, ESPERA UNOS SEGUNDOS Y ARRASTRA HACIA ABAJO Y HACIA FUERA.

Una vez limpia nuestra piel, pasaremos a **exfoliarla**. Este paso no lo vamos a realizar todos los días, sino una vez a la semana. La exfoliación es genial para retirar todas las células muertas de nuestro cuerpo y permitir que los productos que apliquemos posteriormente penetren con más facilidad. Podríamos usar uno que contenga grano, que arrastra las células muertas de la parte superficial de la piel, o bien alguno con enzimas, que no contienen grano y lo que hace es penetrar en las capas inferiores de la piel. ¡No te olvides de aplicar el exfoliante haciendo movimientos circulares y ascendentes y de dejar libre la zona del contorno de ojos y la boca!

EXFOLIAR
↻ MOVIMIENTOS CIRCULARES ↺

Es muy importante que nos acordemos de exfoliar los labios con productos específicos. Si quieres, puedes preparar uno con miel y azúcar morena. Solo tienes que mezclar estos dos ingredientes y aplicar la mezcla en los labios, frotando un poquito para eliminar las células muertas.

¡QUEDARAN SÚPER SUAVES!

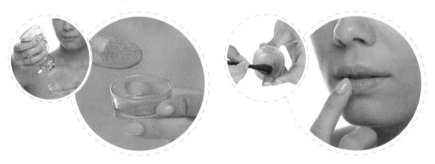

Recuerda que una vez a la semana, podemos realizarnos una mascarilla purificante para limpiar en profundidad la piel.

PURIFICAR

UNA VEZ A LA SEMANA

Si no necesitamos exfoliarnos, pasaremos directamente al paso de **tonificación**. ¡Cómo me gusta tonificar mi piel! Sirve, más que nada, para aportar frescura a nuestro rostro, para ayudar a cerrar los poros y activar la circulación sanguínea. Como ya he mencionado, tienes que guiarte por sensaciones, así que escoge el tónico que más te guste. A mí, por ejemplo, me encanta refrescarme con algún tipo de agua aplicada en spray, ya sea agua de rosas o agua termal.

TONIFICAR

Después de tonificar nuestra piel, ha llegado el momento de **hidratarla**. Si tuviéramos algún producto de tratamiento, como un sérum, este sería el momento de usarlo. El sérum es solo una dosis de más de algún componente que nos falta en nuestra piel, como por ejemplo luz o elasticidad. Si tienes entre 20 o 30 años te recomiendo usar uno que sea hidratante. A partir de los 30 alguno que aporte luz, para después de los 40 usar uno para manchas y arrugas. Finalmente, a los 50, lo ideal sería un remodelador para combatir la falta de elasticidad de la piel. Insisto, nunca lo debemos aplicar solo, sino acompañado de nuestra rutina habitual.

HIDRATAR

Después del sérum, pasaremos a aplicar el **contorno de ojos**, que es simplemente una crema hidratante específica para esta zona. ¿Por qué hay que usar una distinta? Porque la piel de alrededor del ojo es mucho más sensible, delicada y fina, y con tendencia a deshidratarse.

CONTORNO

El último paso para terminar la rutina es, ahora sí, la **hidratación del rostro**. Usaremos una crema más nutritiva o de tratamiento porque la piel está más receptiva mientras dormimos.

HIDRATAR EL ROSTRO

¡NO TE OLVIDES DE LOS LABIOS!
También es muy importante hidratarlos
con algún bálsamo o vaselina.

SI TIENES TIEMPO, CUANDO APLIQUES LA CREMA HIDRATANTE REALIZA UN MASAJE CON LA YEMA DE LOS DEDOS EN EL ROSTRO, DESDE LA BARBILLA, PASANDO POR LAS SIENES, HASTA LA FRENTE. ES MUY IMPORTANTE REALIZAR MOVIMIENTOS ASCENDENTES Y PRESIONAR LEVEMENTE EN LOS EXTREMOS DEL ROSTRO PARA ACTIVAR LA CIRCULACIÓN SANGUÍNEA. ¡TE VAS A RELAJAR MUCHÍSIMO!

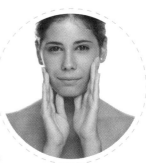

CONSEJO

Para aplicar la crema hidratante, pondremos un poco de crema en distintos puntos del rostro y la extenderemos hacia arriba haciendo círculos. No hace falta poner mucha cantidad, porque si no nuestra piel la va a escupir. ¡No olvides poner crema en el cuello!

① IMPORTANTE ①

Sobre todo extiende la crema hacia arriba, porque si masajeamos hacia abajo vamos a potenciar más la tendencia que tiene la piel a caer por su propio peso con el paso de los años.

RECUERDA

HACIA ARRIBA ↑↑   ↑↑

RECORDATORIO:

↗ LIMPIAR

↗ EXFOLIAR (una vez a la semana)

↗ TONIFICAR   ↗ Sérum

↗ TRATAR E HIDRATAR → Contorno de ojos

↘ Hidratante de rostro

A veces no solo hace falta aplicarnos cremitas para que la piel esté en buenas condiciones, también es importante que la trabajemos bien con nuestras manos, a través de un masaje facial, por ejemplo. El masaje beneficiará a nuestros músculos, la circulación sanguínea y el sistema nervioso. Además, gracias a la presión que haremos con nuestros dedos, la piel aumenta su absorción y, por lo tanto, las cremas van a penetrar mejor.

A continuación, te voy a enseñar algunos masajes que puedes hacer durante o después de aplicar la crema.

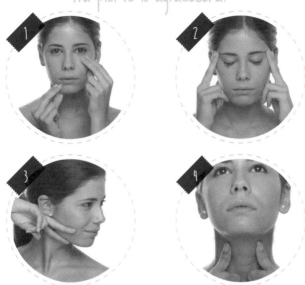

1 Pellizcar suavemente todo el rostro y en todas las direcciones.

2 Frotar suavemente todo el contorno de los ojos, siempre en dirección hacia las sienes.

3 Frotar las comisuras y llevar el movimiento hacia las mejillas, llegando hasta las sienes.

4 Frotar el cuello con los dedos pulgares y llegando hasta la clavícula.

Lo que también podemos hacer es **GIMNASIA FACIAL** para que nuestro rostro esté más tonificado, y sobre todo para prevenir el paso de los años en nuestra piel. Podemos realizar los siguientes movimientos, y haremos unas 10 o 15 repeticiones de cada. ¡Sí, sí! Las muecas nos ayudarán a mantener nuestro cutis bien terso y firme.

1 Colocar las manos en el pecho con el cuello mirando hacia arriba y hacer el gesto de desencajar la mandíbula o dar besos.

2 Hacer muecas con la boca.

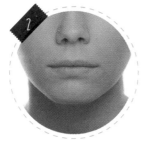 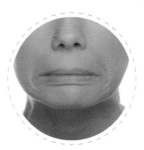

3 Tomar aire y pasarlo de una mejilla a otra pasando por la parte superior del labio.

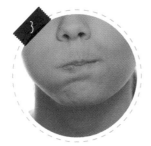 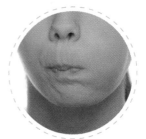

También lo puedes hacer con la lengua.

 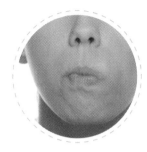

4 Desencajar la mandíbula hacia abajo haciendo fuerza ascendente con las manos.

5 Estirar los ojos hacia las sienes y fruncir el ceño sin hacer excesiva fuerza.

PRODUCTOS

Y UTENSILIOS RECOMENDADOS

PARA EL CUIDADO DE LA PIEL

CREMA HIDRATANTE

ALMOHADILLAS DESMAQUILLANTES

TOALLITAS DESMAQUILLANTES

CONTORNO DE OJOS

DESMAQUILLANTE DE ROSTRO

PALITOS DE ALGODÓN

TÓNICO

SÉRUM

EXFOLIANTE

MASCARILLA

UTENSILIOS

PALITOS DE ALGODÓN ESPÁTULA CEPILLO REDONDO

¡Solo para --->
el cuidado facial --->
y siempre limpia! --->

TOALLA PEQUEÑA PINCEL SINTÉTICO

PARA EL MAQUILLAJE

✓ Base de maquillaje de tu tono de piel. Para obtener una piel bonita, la base de maquillaje tiene que ser del mismo tono.

✓ Corrector de color beige. Para aplicarlo en ojeras, sien y arco de la ceja.

✓ Polvos matificantes. Para que la base de maquillaje y el corrector nos duren más.

✓ Bronzer o polvos bronceadores. Para dar un aspecto de salud a nuestro rostro aplicándolos en el párpado móvil como sombra y para contornear el rostro.

✓ Rubor adecuado a nuestro tipo de piel.

✓ Paleta de colores neutros (sombra beige, sombra topo o color gris, sombra marrón oscuro, sombra negra).

✓ Delineador en gel o líquido.

✓ Máscara de pestañas. Imprescindible para que nuestras pestañas sean más largas y tupidas, y así enmarcar mucho más la mirada.

✓ Lápiz de ojos negro y marrón. Para conseguir delineados o bien para conseguir *looks* con sombras a partir del trazo de un lápiz.

✓ Delineador de labios de color natural. Para acompañar siempre un lápiz labial hay que tener un delineador del mismo color para rellenar los labios.

✓ Lápiz labial de color natural. Es muy importante tener uno de un color muy parecido a nuestros labios para conseguir un *look* natural.

✓ Lápiz labial de tu color favorito. Para esas ocasiones más formales en las que nos gusta lucir unos labios más subidos de tono.

✓ Bálsamo labial. Para que tus labios estén bien hidratados a la hora de aplicar el labial.

BASE DE MAQUILLAJE   CORRECTOR   POLVOS MATIFICANTES   POLVOS BRONCEADORES

RUBOR   SOMBRAS NEUTRAS   DELINEADOR   MÁSCARA DE PESTAÑAS   LÁPIZ DE OJOS

DELINEADOR DE LABIOS   LÁPIZ LABIAL NATURAL   LÁPIZ LABIAL COLOR   BÁLSAMO LABIAL

OJOS Y CEJAS

✅ Brocha plana cortita tipo lengua de gato. Es ideal para depositar las sombras en el párpado móvil a toquecitos.

✅ Brocha de punta. Va muy bien para aplicar la sombra en zonas más concretas, como la cuenca o el extremo del ojo.

✅ Brocha de difuminar. Para borrar el corte de las sombras y conseguir un *look* bien integrado.

✅ Brocha fina y cortita para delinear el ojo. Genial para delinear el ojo con un gel.

✅ Brocha biselada. La puedes utilizar tanto para definir las cejas con una sombra marrón como para delinear el ojo.

✅ Pincel para peinar las cejas. Lo puedes utilizar para peinarlas y también para acabar de peinar las pestañas y quitar los grumos de la máscara.

BROCHA PLANA   BROCHA DE PUNTA   BROCHA DE DIFUMINAR

BROCHA PARA DELINEAR   BROCHA BISELADA   PINCEL PARA PEINAR

✓ Brocha tipo mofeta. Este tipo de brochas difuminan muchísimo la base de maquillaje y dejan un acabado muy natural, siempre y cuando se usen haciendo círculos.

✓ Brocha plana de pelo sintético. Procura que la punta acabe en degradado porque es muy útil para aplicar la base de maquillaje e ir difuminándola en el rostro.

✓ Brocha para aplicar el corrector. A mí me gusta usar una brocha de difuminar porque se funde muy bien con la piel.

✓ Brocha redondita para aplicar el rubor. Este tipo de brochas tienen mucha precisión para difuminar.

✓ Brocha biselada para aplicar los polvos. Gracias a su forma, permite acceder a las zonas más difíciles de matizar, como el contorno de ojos.

BROCHA TIPO MOFETA   BROCHA PLANA SINTÉTICA   BROCHA PARA EL CORRECTOR

BROCHA REDONDITA   BROCHA BISELADA

LABIOS

BROCHA PARA LOS LABIOS

✓ Brocha pequeñita para los labios. Cuida que acabe en punta para tener más precisión a la hora de usarlo.

UTENSILIOS

✓ Rizador de pestañas. Es imprescindible si tienes las pestañas cortitas y poco rizadas.

✓ Esponjas. Geniales para aplicar la base de maquillaje y el corrector. El único problema que tienen es que desperdicias producto porque lo absorbe. Lo ideal es utilizar esponjas sin látex, que repelen el producto y permiten aprovecharlo todo.

✓ Pinzas para depilar. Sobre todo para definir las cejas y retirar pelitos sobrantes.

✓ Borla. Ideal para aplicar los polvos matificantes del rostro, sobre todo para aquellas zonas que son más grasas (frente, nariz y barbilla) y que precisan más cantidad de producto.

RIZADOR DE PESTAÑAS   ESPONJAS   PINZAS PARA DEPILAR   BORLA

Si no quieres acumular todos estos utensilios, te recomiendo tener los que consideras que utilizarás a diario. Por ejemplo, para el cuidado de la piel, lo ideal sería tener una cesta con los productos básicos en el baño, y sobre todo que estén a tu alcance y a la vista, porque si están escondidos o dispersos es más fácil que nos saltemos la rutina de limpieza y cuidado.

Para el maquillaje, lo mejor es que tengas los básicos en un neceser, aquellos que no utilices tanto lo puedes guardar en un cajón del baño o de tu habitación. ¿Cómo?

¡¡ALGUNAS IDEAS!

✓ Ten muy claro el lugar donde guardarás el maquillaje. Tiene que ser un sitio práctico y que sea cómodo de utilizar. Te recomiendo que utilices un cajón de tu habitación o del cuarto de baño.

✓ Tira todo aquello que esté gastado, en malas condiciones, caduco o que no utilices. A veces nos gusta acumular cositas, pero es importante dejar espacio para aquello que de verdad vamos a utilizar.

✓ Si decides guardar el maquillaje en un cajón, utiliza separadores y cajitas (que sean transparentes) para que resulte más fácil tenerlo ordenado.

✓ Si prefieres tenerlo encima de la mesa o mesita, utiliza cajas organizadoras transparentes, que son perfectas para ver todo lo que tenemos.

✓ Es importante que dividas el maquillaje por funciones y por orden de uso, es decir, lo del frente tiene que ser lo que uses a diario, y más atrás lo que raramente vas a usar. Además, organiza juntos todos los rímeles, lápices, rubor, etcétera.

- ✓ Coloca tu maquillaje de manera que puedas verlo todo, para así poder escoger el más adecuado. Por ejemplo, pon los labiales boca abajo para que el tono se vea bien. Si guardas el maquillaje desordenado siempre vas a usar los productos que estén encima.

- ✓ Si al final no puedes conseguir una que sea transparente, puedes escribir en las cajitas lo que contiene cada una. De esta forma, no perderás tiempo en buscar un producto.

- ✓ Si prefieres tener las brochas encima del tocador o la mesa, te recuerdo que es importante que las limpies una vez a la semana. Puedes buscar un bote cilíndrico y decorarlo, o como lo he hecho yo: tomé un bote de cristal cuadrado, bastante grande, y le puse bolitas pequeñas de color. Así, puedo colocar las brochas y se quedan fijas, además de servirme también como objeto de decoración. De todos modos, también puedes tener las brochas en un cajón, o guardarlas en el neceser o manta en que venían.

CÓMO LIMPIAR
TUS BROCHAS DE MAQUILLAJE

*C*ualquier maquilladora profesional debe tener las brochas y pinceles superlimpios, sobre todo a la hora de utilizarlos con clientas. Es por eso que siempre hay que tener el máximo cuidado posible, aplicando la barra de labios con un pincel y la máscara de pestañas con cepillos desechables. Pero para uso personal también.

Es importante tener todos nuestros utensilios
LIBRES DE BACTERIAS

No tenemos por qué aplicarnos el labial con un pincel si nos es más cómodo hacerlo directamente, pero sí debemos conservar todas nuestras brochas y herramientas limpias y desinfectadas. Aunque las brochas queden fenomenal en un bote encima del tocador, es mejor guardarlas en un sitio que no estén expuestas al polvo y a la suciedad. Si no las queremos guardar por los motivos que sean, es importante que las limpiemos una vez a la semana.

En el mercado podemos encontrar botes en *spray* para limpiarlas al momento y luego utilizarlas. Si no quieres comprar este tipo de producto, puedes utilizar alcohol normal, de 96°, sin ningún tipo de temor porque este se evapora. Para hacer una limpieza más profunda en casa, puedes usar una pastilla de jabón neutro. Basta con mojarla un poquito e ir frotando la brocha, siempre boca abajo. Es importante que el mango no se moje porque se puede despegar de la virola (la parte metálica del pincel). Una vez limpias, las dejaremos secar siempre en plano o con el pelo hacia abajo, nunca con el pelo hacia arriba por el motivo que ya comenté.

MAQUILLAJE

CÓMO ESCOGER
TU BASE DE MAQUILLAJE

Es muy importante que la base de maquillaje que utilicemos sea de nuestro tono de piel para evitar el efecto máscara. No hay nada más feo que ir por la calle y ver a alguien con un tono de base que no es el suyo. Es por eso que en este apartado voy a dar algunas directrices sobre cómo escoger la base de maquillaje ideal, sobre todo para acertar con el tono correcto y la textura a partir de nuestro tipo de piel.

¡QUE LA BASE DE MAQUILLAJE QUE UTILICEMOS SEA DE NUESTRO TONO DE PIEL!

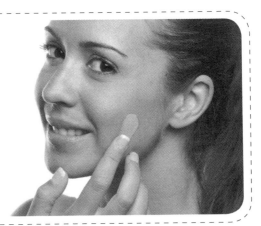

👍 ¿QUÉ DEBEMOS TENER EN CUENTA?

Cuando vamos a comprar una base de maquillaje es importante que vayamos con la cara lavada, porque tendremos que probar qué tonos se adecuan más a nuestro tipo de piel.

Muchas veces las dependientas o nosotras mismas nos equivocamos al probarnos las bases de maquillaje en el dorso de la mano o en la muñeca para comprobar el color. Este gesto está mal hecho, puesto que el color de la muñeca no es el mismo que el del rostro. Lo ideal es probar la base en la parte inferior de la mejilla, y ver con luz natural (superimportante) si se funde bien con nuestra piel o se aprecia el color que hemos aplicado, ya sea más claro o más oscuro. Si vemos que este tono no es adecuado para nosotras, probaremos otro más claro o más oscuro, pero siempre con la mejilla limpia, para no mezclar los colores. Hay que tener en cuenta que la base, una vez puesta en la piel y en contacto con el aire, se oxida y tiende a ser más oscura. Así que lo mejor es que lleves un espejito, te pongas la base y luego salgas afuera para comprobar el acabado.

Si tenemos que comprar una base de maquillaje en verano, podemos probar el color en el escote, porque muchas veces no tenemos el mismo tono, y es por este motivo que tendremos que unificar el color del rostro con el del cuello y escote.

Como ya he dicho, lo más importante es evitar el efecto máscara. Puede que la base de maquillaje se adapte perfectamente al tono de nuestro rostro, y no al de nuestro cuello o escote. En este caso yo recomiendo que difumines bien la base hacia el cuello, sin olvidarnos del nacimiento del cabello y orejas, para crear un degradado y que no se vea un corte.

Si tienes que comprar dos bases de maquillaje (una para invierno, cuando estás más pálida, y otra para el verano, que estás más morenita) te aconsejo que no compres dos bases de dos tonos seguidos. Con esto me refiero, por ejemplo, el tono 1 y el tono 2, sino que escojas el tono 1 para invierno y el 3 o 4 para verano (dependiendo de si te pones muy morena o no). Así, puedes mezclar las dos bases de maquillaje al mismo tiempo que te vas bronceando. Cuando estás poco bronceada, mezclas el tono 1 con un poco del 3. Cuando estás un poco más bronceada, mezclas el tono 1 y un poco más del 3. Y si ya estás muy morenita, mezclas el 3 con un poco del 1, hasta conseguir el tono perfecto.

RECUERDA

EVITA EL EFECTO MÁSCARA

CÓMO SABER QUÉ TONO DE PIEL TENEMOS

Para escoger nuestra base de maquillaje ideal tenemos que fijarnos en el tono de piel que tenemos. Podemos distinguir tres tipos:

↗ UNA PIEL ROSADA O CON ROJECES
↗ UNA PIEL CETRINA (AMARILLA)
↗ UNA PIEL EQUILIBRADA.

LAS PIELES CON ROJECES son aquellas que tienen los capilares más a flor de piel. Suelen ser pieles irritadas, ya sea por el sol, ya sea porque tienen muchas venitas o porque reaccionan a los cambios de temperatura y de luz. Normalmente, estas pieles son propias de chicas blanquitas. Si tienes este tipo de piel o una piel con un subtono rosado, tendrás que buscar una base de maquillaje en tonos más marfiles o beige. Mejor buscar una textura más compacta o maquillaje fluido que cubra más estas zonas más rojas, o bien neutralizar el color rojo antes de la base, con un corrector de color verde. Eso sí, si es un rosado o rojizo muy sutil en la zona de las mejillas, con una base de maquillaje ligera tendríamos suficiente. De esta forma, aprovechamos el color natural que tenemos para dar al rostro un aspecto saludable.

Tendrás que evitar las bases de maquillaje que sean más rosadas. Aunque siempre se diga que tenemos que utilizar un tono de base muy similar a nuestra piel, en este caso lo evitaríamos porque destacaría más el color rojo.

LAS PIELES CETRINAS son aquellas que tienen los capilares más metidos en la piel, y por eso se muestran más amarillentas, verdosas o azuladas. Son aquellas pieles morenas que en invierno se apagan y quedan grisáceas y, en cambio, en verano, se ponen muy bronceadas. Si tienes este tipo de piel, tendrás que escoger bases de maquillaje en tonos porcelana y beige. Normalmente estas pieles se neutralizan con bases de maquillaje con un subtono rosado, aunque yo no lo recomiendo porque el cuello y el escote quedarían desacordes con el rostro, y creo que la mejor opción es aplicar una base de maquillaje beige y utilizar rubor o bronceadores de tonos más rosas, rojos o coral.

Por último, tenemos LAS PIELES EQUILIBRADAS, que son aquellas que tienen un color de piel neutro. En este caso, no se necesita neutralizar ningún color, así que usaríamos una base en tono beige lo más parecido a nuestra piel.

EL TIPO DE PIEL QUE TENEMOS

Existen diferentes formatos de base de maquillaje en el mercado según el efecto que queremos en nuestra piel. Las más destacadas y que utilizamos más son:

✔ BASE FLUIDA : son ideales para aquellas chicas que tienen la piel seca o sensible, y las pieles maduras, aunque las puede usar todo el mundo. Si eres una chica con la piel grasa, asegúrate de que el maquillaje sea a base de agua y no de aceite. Lo podrás comprobar en la etiqueta de la composición.

✔ BASE EN CREMA : las texturas más cremosas son más indicadas para pieles secas y sensibles.

✔ BASE COMPACTA : son aconsejables para las chicas que tienen la piel grasa o desean un acabado más mate y empolvado.

✔ BB CREAM O CREMA HIDRATANTE CON COLOR : para conseguir un tono de rostro uniforme y de rápida aplicación. Ideal para usar a diario cuando no queremos ir maquilladas pero sí queremos que nuestro rostro tenga un color saludable y se vea fresco. Son ideales para pieles secas y sensibles. Si tienes la piel mixta o grasa, intenta buscar una BB Cream que sea *oil-free*. ¿Cuál es la diferencia entre una BB Cream y una crema en color? La diferencia es que, actualmente, muchas BB Cream aportan, además de hidratación y color, luminosidad y protección solar, así como también corrigen y minimizan los poros.

LA COBERTURA QUE DESEAMOS

Por lo general, las texturas más fluidas dejan un acabado menos cubriente que una textura cremosa o en barra. Actualmente se están llevando las pieles muy frescas, naturales y con luz, así que yo recomiendo usar una base de maquillaje poco cubriente, aunque tengas granitos e imperfecciones, porque queda mucho más bonita una piel natural y luminosa, que una piel completamente mate y cubierta. Si escogemos una buena base de maquillaje los granitos se van a tapar sin necesidad de quitar la luz natural de nuestra piel.

CÓMO APLICAR LA BASE DE MAQUILLAJE

Podemos aplicar la base de maquillaje de diferentes formas, según cómo nos sintamos más cómodas y seamos capaces de conseguir un acabado más uniforme. No hay una norma establecida sobre aplicar la base de una forma u otra, siempre nos tenemos que guiar por sensaciones. A mí me gusta combinar las opciones que presento a continuación, dependiendo del acabado que quiera conseguir o la base de maquillaje que esté aplicando.

✔ CON BROCHA: hoy en día podemos encontrar infinidad de brochas de distintos tamaños para aplicar la base de maquillaje. Lo ideal es usar una brocha de pelo sintético o mixta (pelo sintético y pelo natural).

Para aplicar la base de maquillaje con brocha, lo mejor es depositar un poco de producto en el dorso de la mano y tomar un poco de base con la brocha. Para no aplicar un exceso de producto, descargaremos la brocha en la mano, dando pequeños golpecitos, y empezaremos a aplicar la base desde el centro hacia fuera.

✔ CON ESPONJA: recomiendo utilizar una esponja sin látex con forma de huevo, porque ayuda a llegar a las zonas más difíciles de acceder, como las aletas de la nariz y, contorno de los ojos, además de ayudarnos a conseguir un mejor acabado. Además, se gasta mucho menos producto que con una esponja convencional. Lo bueno de este tipo de esponjas es que puedes obtener un acabado más o menos cubriente. Si lo quieres más ligero, solo hace falta humedecer la esponja con agua, retirar el exceso y aplicar el maquillaje. Si por lo contrario quieres un maquillaje más cubriente, también se puede utilizar la esponja sin mojarla. Lo único que tienes que hacer es repartir una capa fina, con poco producto, dejarla reposar, y volver a aplicar capa sobre capa hasta conseguir el acabado deseado.

El método para aplicar la base con esponja es el mismo que el de la brocha: poner producto en dorso de la mano, tomar y descargar el exceso e ir poniendo del centro hacia fuera. Lo mejor será aprovechar la forma que tiene para acceder a las zonas más difíciles.

✓ CON LAS MANOS: aplicar la base de maquillaje con las manos permite fundirla mejor por el calor que emiten las yemas de los dedos. Yo solo recomiendo aplicar directamente la base de maquillaje con las manos si son BB Creams, hidratantes con color o bases de maquillaje muy ligeras.

Lo más adecuado para aplicar la base de maquillaje con las manos es poner un poco de producto en las yemas de los dedos y hacemos cuatro puntos en el rostro: frente, mejillas y barbilla. Una vez puestos, lo único que tendremos que hacer es extender la base desde el centro hacia fuera, asegurándonos de difuminar muy bien el nacimiento del cabello, las orejas y el cuello. Una vez extendida, dedicaremos unos segundos a asegurarnos de que está completamente difuminada.

💬 TRUCO

SI VAS A REALIZAR UN *LOOK* DE OJOS MUY MARCADO ES MEJOR PONER LA BASE DESPUÉS DE MAQUILLAR LOS OJOS PARA NO MANCHAR LA PIEL. SI POR EL CONTRARIO OPTAS POR UN MAQUILLAJE MÁS NATURAL, LA MEJOR OPCIÓN ES EMPEZAR POR LA BASE.

CORRECTORES

Supongo que muchas de ustedes saben qué es un corrector, pero para quienes no lo sepan, un corrector es un producto cosmético que sirve para cubrir cualquier imperfección de nuestro rostro: ojeras, granitos, manchas, cicatrices, venitas, etcétera.

Normalmente me preguntan cuándo se debe aplicar el corrector, si antes o después de la base de maquillaje. Mi teoría es que si aplicamos corrector para corregir o neutralizar imperfecciones, lo pondremos antes de la base. Si por el contrario, usamos un corrector en tono beige para iluminar o acabar de tapar las ojeras, lo usaremos después de la base.

Encontramos correctores de color crema, pero también los hay de colores para neutralizar imperfecciones.

Y dirán,
¿QUÉ ES ESO DE LOS CORRECTORES DE COLORES?

A quienes empiezan con el maquillaje les sonará raro, pero la verdad es que pueden ser de gran ayuda para corregir granitos, ojeras oscuras, manchas, etcétera.

Los correctores de colores más usados son el de color verde, amarillo y salmón.

El verde nos servirá para neutralizar las zonas rojas, como granitos o cicatrices. El amarillo nos irá fenomenal para neutralizar las ojeras violetas o muy oscuras, y el color salmón nos servirá para neutralizar unas ojeras más *light* en tonos azules. Si tenemos ojeras marcadas por el cansancio o por no haber dormido, quizá la mejor opción sería el tono salmón.

Partiendo de esta base, aplicaremos los correctores en las zonas que queramos neutralizar y los difuminaremos muy bien para que no se note y corregir todas aquellas imperfecciones que tengamos.

Después, muchos maquilladores aplican el corrector beige, pero no me gusta sobrecargar la piel, por lo que si no es necesario pasaremos directamente a aplicar la base de maquillaje. Yo siempre suelo tener una paleta de correctores de colores en mi maletín de maquillaje, pero no los utilizo si no es necesario.

Los correctores crema, beige y marrón más oscuro los utilizaremos para dar volumen.

Los rostros no son perfectos ni armónicos. Un buen maquillaje siempre debe tener una piel espectacular, fresca y con volúmenes. Esos volúmenes los conseguiremos con los claros y oscuros.

¿CÓMO?

Tenemos que partir de la idea de que los colores claros agrandan y dan volumen, y de que los colores oscuros esconden y dan profundidad.

¡Esto se puede aplicar tanto en maquillaje como en moda!

Así pues, aplicaremos los correctores claros en las zonas de nuestro rostro que ya sobresalen y queremos potenciar. Estas zonas son las sienes, las ojeras y la parte inferior de la mandíbula. Por el contrario, aplicaremos el corrector oscuro en el hundimiento de los huesos, es decir, aquellas zonas que tienden a ser sombreadas: la zona debajo del hueso del pómulo y los contornos del rostro.

Este tipo de correcciones las podemos hacer con correctores, pero también con una base de maquillaje más clara y otra más oscura o bien con unos polvos más claros y otros más oscuros. O si lo prefieres, puedes jugar con todos los productos, para potenciar más o menos el efecto.

MAQUILLAJES
PASO A PASO

TIPOS DE DELINEADOS

Muchas veces nos delineamos el ojo de la misma manera, pero dependiendo del efecto que queramos conseguir, tienes que saber que hay infinidad de tipos de delineados.

Aquí te voy a mostrar los más básicos.
¡ESPERO QUE TE GUSTEN!

DELINEADO REDONDO. Es un delineado típico de los años 30. Si tu ojo es almendrado o rasgado, te va a quedar genial. No lo recomiendo para chicas con el ojo muy redondo.

DELINEADO CON RABILLO. Este delineado es ideal para ojos que sean más bien redondos para dar sensación de tener un ojo más almendrado. Los ojos rasgados también lo pueden usar sin problemas.

DELINEADO PUNTA DE FLECHA. Este delineado es ideal para chicas que tengan el párpado encimado o el hueso muy prominente. Muchas veces esto hace que no se termine de ver el delineado con el ojo abierto, así que con esta técnica, ¡problema resuelto!

DELINEADO DE DOBLE COLOR. Este delineado es ideal para aportar un toque fresco y moderno a nuestro *look*. Se trata simplemente de trazar una línea en negro o marrón y, después, otra encima de un color algo más llamativo.

DOBLE DELINEADO. Ideal para conseguir un ojo más abierto y algo más rasgado si hacemos rabillo hacia el exterior.

OJO DE GATO. Ideal para un *look* de noche. Para conseguirlo, primero hay que marcar muy bien la forma. Después, rellenar de fuera hacia dentro y, finalmente, marcar la parte inferior.

TRIPLE DELINEADO. Este delineado es típico de los años 60, y consiste en trazar tres líneas: una por las pestañas inferiores, otra por las superiores y, finalmente, una marcando toda la cuenca.

MAQUILLAJE PIEL PERFECTA

Este maquillaje trata las correcciones básicas que deberíamos hacer. Como comenté anteriormente, juega con los claros y oscuros para conseguir una piel perfecta.

¿QUIERES VER CÓMO? AQUÍ LO DEJO:

PASO A PASO

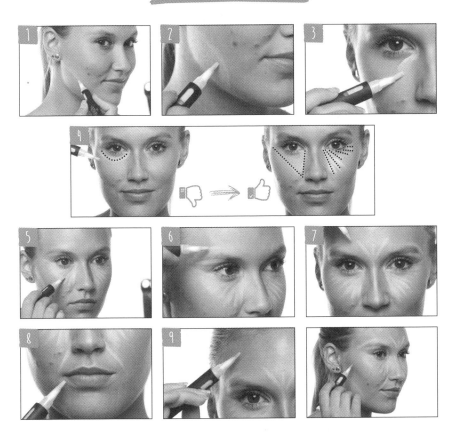

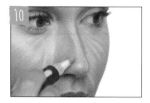  

  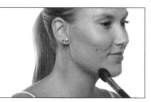

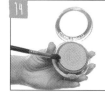 

1 Con un corrector de color clarito vamos a trazar una línea curva por debajo del hueso de nuestro pómulo.

2 Rellenamos todo su interior con el mismo color claro.

3 Si tienes bolsas en las ojeras, debes aplicar el corrector de esta forma.

4 Es mejor que NO apliques el corrector de esta forma sino de una de estas formas.

5 En este caso, vamos a aplicarlo de esta forma en los dos lados, para iluminar toda la zona del rostro.

6 Ahora vamos a pasar a iluminar la zona de los ojos. Tenemos que trazar dos líneas con el corrector claro, que pasen por debajo del arco de la ceja y por arriba.

7 A continuación, vamos a iluminar la zona del centro del rostro, dibujando una línea justo en el centro de la nariz, y terminándola en la frente con tres líneas más. Si tienes la nariz o la frente muy prominente, mejor no aplicar el color claro en esta zona.

8 Nos queda iluminar la zona del rictus y las comisuras de los labios.

9 Ahora pasaremos a dar profundidad con el color oscuro. Aplicaremos un poco de corrector en la terminación de la frente y en el hueso del pómulo, en forma de triángulo. Cabe decir que si tienes la frente muy pequeña, es mejor no aplicar el color oscuro.

10 Finalmente, perfilaremos la nariz justo por los lados, dejando la línea más clara que hemos hecho en el medio.

11 Así es como nos tendría que quedar con la aplicación de los colores claros y oscuros.

12 Si no queremos utilizar los correctores, podemos usar solo polvo bronceador. Cogemos un poquito de polvos de color marrón con una brocha pequeña.

13 Y los aplicamos justo en las zonas oscuras. Primero marcamos el pómulo y después contorneamos en forma de L. De esta manera, potenciaremos un poco más el color oscuro.

14 Finalmente, con los mismos polvos bronceadores y una brocha de difuminar, marcaremos un poco el pliegue del párpado del ojo para aportar un toque de color.

Y ya tendremos nuestro maquillaje para conseguir una

PIEL PERFECTA.

MAQUILLAJE NATURAL

(NO MAKE UP LOOK)

PASO A PASO

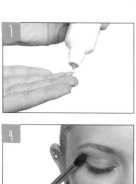

1 Empezaremos aplicando una BB Cream o una CC Cream para dejar nuestra piel con un aspecto muy natural.

2 Depositaremos un poco de cantidad en zonas concretas del rostro, y las difuminaremos bien con la yema de los dedos, teniendo en cuenta el escote, el nacimiento del cabello y las orejas.

3 A continuación, tomamos una sombra en tono rosa salmón con un pincel de difuminar.

4 Y la aplicamos por todo el párpado móvil.

5 Si fuera necesario, lo acabaríamos de difuminar con el dedo.

6 Ahora, tomamos una sombra en tono vainilla algo nacarada.

7 Y la aplicamos en el arco de la ceja, difuminándola hacia abajo.

8 También ponemos un poco por el centro del párpado para hacer más grande la mirada.

9 Y justo en el lagrimal, para iluminar toda esa zona y hacer que el ojo se vea más grande.

10 Nos delineamos la línea de agua con un lápiz color crema para abrir el ojo.

11 Tomamos una máscara de pestañas en tono marrón e incluso transparente y la aplicamos desde la raíz hasta las puntas, en zigzag.

12 Con una barra de labios en tono rosita nos pintamos los labios muy sutilmente.

13 Ahora, tomamos un poco de color con la yema de los dedos y lo aplicamos en las mejillas a modo de rubor.

Y ya tenemos nuestro maquillaje NATURAL acabado.

¡PARECE QUE NO VAMOS
MAQUILLADAS!

MAQUILLAJE DE TARDE

Vamos a ver un maquillaje de día muy sencillito paso a paso. Lo puedes usar para diario, e incluso para un día por la tarde si no te gusta ir muy recargada. Sirve sobre todo para dar vida al rostro y un poco de profundidad a los ojos.

¿EMPEZAMOS? ¡SIGUE LOS PASOS!

🏷 PASO A PASO 🏷

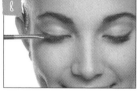

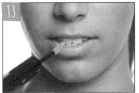

1 Empezaremos aplicando por todo nuestro rostro una BB Cream o una crema hidratante con color, porque solo queremos unificar el tono de nuestro rostro y dar un efecto muy natural. Al ser un maquillaje de día y usar algo tan ligero y cremoso como una BB Cream, podemos aplicarla con las manos sin problema.

2 A continuación, vamos a tapar nuestras ojeras y a iluminar esa zona trazando un triángulo debajo del ojo. Es importante que lo difuminemos bien, ya sea con un pincel o directamente con los dedos.

3 Ahora vamos a unificar el tono de nuestro párpado y a crear una base para que las sombras pigmenten mejor. Yo he usado un corrector, aunque podrías usar un poco de la misma base de maquillaje o bien una prebase de sombras. Si tienes el párpado muy graso, yo recomiendo que no uses un corrector.

4 Difuminamos bien todo el corrector, hasta el arco de la ceja.

5 A toques, vamos a tomar una sombra perlada con un pincel de lengua de gato. La aplicamos por todo el párpado móvil a toquecitos, depositando toda la sombra en esta zona.

6 A continuación, tomamos un poco de polvos bronceadores (los que son para el rostro) para dar profundidad a la mirada y que quede un efecto muy natural.

Los aplicamos justo en la cuenca del ojo, trazando una C. Los aplicaremos realizando movimientos laterales hasta que la sombra quede bien difuminada.

7 Con un lápiz marrón (si te gusta el negro también lo puedes usar), vamos a marcar un poco el ojo realizando un delineado desde la mitad hacia fuera.

8 Si quisiéramos que el delineado aguante más, podríamos ponerle a toques un poco de sombra del mismo color encima.

9 ¡No olvides delinear el ojo por dentro con el mismo lápiz marrón!

10 Solo nos queda aplicar un poco de máscara de pestañas para agrandar la mirada. Si no quieres recargarlas mucho, puedes aplicarla solo en el extremo del ojo.

11 Aplicamos un poco de polvos bronceadores para contornear el rostro justo en el hueso del pómulo.

12 Ahora solo nos queda tomar un rubor en tono rosado y aplicarlo en la zona de las mejillas.

13 Nos ponemos un poquito de *gloss* o un labial en tono clarito.

¡Y YA LO TENEMOS!

Así de bonito queda
el maquillaje.

MAQUILLAJE CON DELINEADO

Vamos a realizar un maquillaje con delineado muy fácil y muy útil. Es ideal para chicas con ojos poco almendrados, y que busquen un *look* más rasgado.

PASO A PASO

1 Empezaremos aplicando una base muy ligerita de maquillaje o crema hidratante con color para unificar el tono del rostro.

2 A continuación, con la yema de los dedos, extenderemos un poco de corrector justo debajo de las ojeras, para iluminar un poco los ojos.

3 Para dar más profundidad a nuestra mirada, trazaremos una línea justo en la cuenca del ojo con un lápiz marrón cremoso.

4 Y la difuminaremos bien para que nos quede como si fuese una sombra.

5 Ahora toca empezar con el delineado. Vamos a trazar una línea muy finita a ras de las pestañas superiores. Debemos intentar que no queden huecos entre las pestañas y la línea, porque no hay nada más feo que ver espacios en blanco.

6 Para ayudarnos a trazar el rabillo, pondremos el lápiz de esta forma, de manera que pase por el extremo del ojo y vaya hacia nuestra ceja. Así, tendremos una pequeña guía sobre en qué dirección vamos a trazar el delineado.

7 También podemos trazar una guía con corrector de esta forma. Lo único que tendremos que hacer es seguirla y, una vez tenemos el rabillo, difuminarla hacia abajo.

8 Así pues, empezamos a trazar el rabillo, poco a poco y sin prisa.

9 Primero marcamos un poco la estructura, para ver que no nos hemos equivocado y si tuviéramos que quitarlo, no nos dejaríamos todo el ojo negro. Nos tendría que quedar algo así.

10 Una vez vemos que tenemos el delineado perfectamente estructurado, lo podemos rellenar.

11 Solo nos quedará delinear el ojo en las pestañas inferiores, primero la línea de agua con un lápiz negro.

12 Y después con el mismo delineador que hemos utilizado antes, trazando una línea a ras de pestañas inferiores.

13 Aplicaremos un poco de máscara de pestañas para agrandar los ojos. Si quieres conseguir un efecto más rasgado, tienes que insistir en las pestañas de fuera.

14 Tomamos un poco de rubor y lo aplicamos en las mejillas para dar al rostro un aspecto radiante.

15 Nos pintamos los labios con un color *nude*.

🗨 ¡¡TRUCO!!

SI SE TE COMPLICA DELINEAR EL RABILLO DEL OJO, PUEDES UTILIZAR UN TROZO DE CINTA ADHESIVA DE ESTA FORMA. ¡ASÍ SERÁ MUCHO MÁS FÁCIL!

Y ya tendremos
listo nuestro
MAQUILLAJE
CON DELINEADO.

MAQUILLAJE DE TARDE

Ahora veamos un maquillaje un poco más complejo, para llevarlo por la tarde e incluso por la noche.

PASO A PASO

1 Primero marcaremos la forma con un lápiz cremoso de color marrón. A mí me gusta hacerlo así para crear una base, porque luego las sombras van a pigmentar más y también se extiende su duración.

2 A continuación, con un pincel tipo bolígrafo, es decir, que tenga la punta muy fina, vamos a difuminar el trazo. Es importante que el lápiz con el que hemos marcado la forma sea cremoso, para que se pueda difuminar bien.

3 Después de difuminarlo, nos tendría que quedar así. Es importante que lo difuminemos antes de la sombra porque si no después nos puede costar, sobre todo si es un lápiz poco cremoso.

4 Tomamos un poco de sombra marrón con una brocha plana más pequeñita, y la aplicamos en el trazo marrón que hemos difuminado, para darle más intensidad.

5 Ahora, tomamos un poco de sombra dorada, y la depositamos justo en el centro del párpado.

6 Solo nos quedará aplicar un poco de sombra clarita, blanca o beige en los puntos de luz de los ojos para iluminarlo: debajo del arco de la ceja y justo en el lagrimal.

7 Con un poco de sombra marrón, un poquito más clara que la utilizada antes, la aplicamos en la línea de las pestañas inferiores, para enmarcar el ojo.

8 Solo nos quedará aplicar un poco de máscara de pestañas, y ya podremos terminar el maquillaje maquillando el rostro.

9 Hemos empezado por los ojos porque, al estar utilizando sombras más oscuras, podríamos mancharnos la piel y tendríamos que retirar toda la base. Así pues, nos limpiamos si nos han caído restos de maquillaje, y aplicamos el corrector en forma de triángulo.

10 Lo difuminamos con la yema de los dedos.

11 Y ahora sí podemos aplicarnos la base de maquillaje por todo el rostro.

12 Nos ponemos un poquito de *gloss* en los labios, porque el maquillaje de ojos es bastante intenso.

¡Y YA ESTÁ!

Este es el maquillaje.

MAQUILLAJE 2 COLORES

Aquí veremos un maquillaje con dos colores (uno más claro y otro más oscuro). Verás que no tiene nada de complicado, y que solo requiere práctica y escoger tus dos colores favoritos.

PASO A PASO

1 Primero empezaremos trazando la forma de nuestro maquillaje con un lápiz cremoso, del color que hayamos escogido. Seguiremos la cuenca y marcaremos un poco el extremo del ojo y el inicio.

2 A continuación, tomaremos un color claro con un pincel de lengua de gato, en este caso el violeta, y lo depositaremos justo en la parte del medio, a toquecitos.

3 Una vez hecho este paso, tomaremos un color un poco más oscuro con una brocha de difuminar, y lo aplicaremos justo por donde hemos marcado la zona oscura con el lápiz, difuminando de un lado hacia el otro el color.

4 A mí me gusta difuminarlo todo con una brocha de difuminar limpia y bastante tupida.

5 Después, con el mismo lápiz con el que hemos marcado la cuenca, hacemos una línea a ras de pestañas.

6 Con un pincel limpio y una sombra clarita, aplicaremos un poco de luz en el arco de la ceja, y lo difuminaremos integrándolo con el color oscuro, para que no se note un corte.

7 Ahora extenderemos la base de maquillaje por todo el rostro.

8 Y nos aplicaremos el corrector en forma de triángulo, para iluminar muchísimo más la mirada.

9 Solo nos quedará aplicar un poco de máscara de pestañas.

10 Con un pincel redondito, tomaremos un poco de rubor rosado, y lo pondremos justo en las mejillas, subiéndolo un poco hacia la sien.

11 Nos maquillamos los labios de una manera natural, con un color *nude* o rosita, que le va perfecto a este maquillaje.

¡Y LISTO!
Aquí tenemos nuestro maquillaje de dos colores.

MAQUILLAJE CON TRES COLORES

Y aquí veremos un maquillaje algo más sofisticado con tres colores. Piensa que puedes combinar los colores que más te gusten.

PASO A PASO

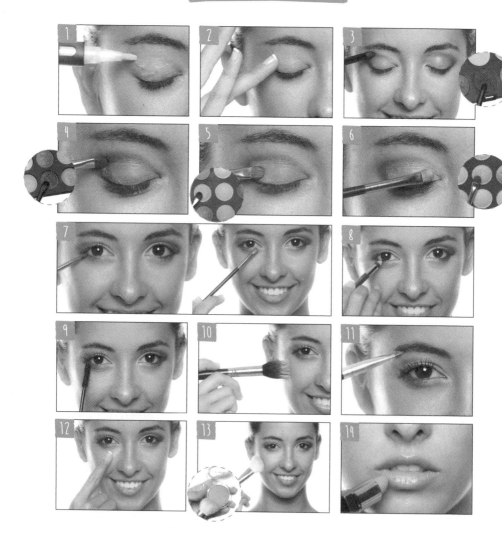

1 Primero empezaremos poniendo un poquito de corrector líquido por el párpado móvil para unificar el tono. Si tienes el párpado graso (te salen pliegues con las sombras) es mejor que no lo hagas. En este caso te recomiendo una prebase o bien que unifiques el tono con una sombra en color crema.

2 Con el dedo, difuminamos todo el producto por el párpado móvil.

3 A continuación, tomamos una sombra marrón oscura con una brocha de difuminar tupida, y la aplicamos por toda la cuenca, difuminando bien.

4 Ahora, tomamos el color más oscuro de nuestros tres colores elegidos (en este caso verde oscuro), y lo aplicamos en la esquina del párpado móvil, entrándolo un poco por la cuenca.

5 Tomamos el color verde más claro (o el que quieras) con una brocha pequeñita, y lo depositamos en la parte central de la cuenca, uniéndolo un poco con el verde oscuro.

6 El último color, en este caso un tono dorado, lo aplicamos por la parte de dentro de la cuenca, para iluminar la zona del lagrimal.

7 Aplicamos el color verde oscuro a ras de pestañas inferiores, solo por el extremo de fuera, y el color dorado por el extremo de dentro.

8 Delineamos la línea de agua con un tono verde oscuro.

9 Y aplicamos un poco de máscara de pestañas, arriba y abajo, para definirlas.

10 Ahora solo nos quedará aplicar la base de maquillaje. ¿Por qué la ponemos después? Porque se puede ensuciar con las sombras y si aún no la hemos puesto, podemos limpiar la piel sin problemas.

11 Nos maquillamos un poco las cejas para quitar todos los huequitos sin pelo.

12 Y aplicamos el corrector en las ojeras.

13 Solo nos queda tomar un poco de rubor clarito, y aplicarlo en los pómulos, subiéndolo un poco.

14 Nos pintamos los labios con un labial *nude* o rosa muy clarito.

¡Y YA ESTÁ!
Ya tenemos nuestro maquillaje
con tres colores.

MAQUILLAJE PARA CHICAS CON LENTES

¿Usas lentes y no sabes cómo maquillarte? ¡No te preocupes! Te voy a dar algunos consejos dependiendo de tu prescripción: miopía, hipermetropía o astigmatismo.

PASO A PASO

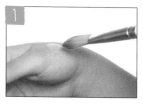  

SI TIENES ASTIGMATISMO O MIOPÍA...

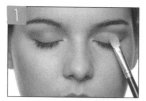  

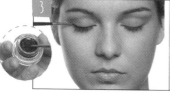 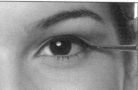 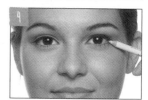

SI TIENES HIPERMETROPÍA...

1 Para diario te recomiendo algo muy natural, como una BB Cream o una CC Cream.

2 Aplícala bien por todo el rostro, y recuerda que es muy importante tapar bien las ojeras para evitar que queden oscuras y nos hagan sombras.

3 No olvides fijar muy bien la zona donde ponemos los lentes, porque a veces tiende a sudar un poquito.

SI TIENES ASTIGMATISMO O MIOPÍA...

1 Si padeces astigmatismo, el cristal de las gafas no modifica el tamaño de tu ojo, pero si tienes miopía, el ojo se ve más pequeño. Es por eso que te recomiendo que utilices sombras claras.

2 También es muy importante dar luz a los ojos utilizando una sombra muy clarita, que aplicaremos justo debajo de la ceja y en el lagrimal.

3 También puedes delinear el ojo con un lápiz negro o marrón.

4 Y delinear la línea de agua con un color crema. De esta forma, conseguirás tener un ojo mucho más grande. ¡Y no olvides poner mucha máscara de pestañas!

SI TIENES HIPERMETROPÍA...

1 Si por lo contrario padeces hipermetropía, tus ojos se verán mucho más grandes. Es por eso que usaremos sombras oscuras. Puedes hacer un ahumado en marrón o en negro para hacer el ojo más pequeño. ¡Recuerda de difuminar bien para que no queden cortes!

2 Si los lentes son muy llamativos es mejor dejar los ojos suaves; si los ojos los dejas suaves, puedes apostar por colores más fuertes en los labios.

3 Y para finalizar, como la montura de las gafas atraerá toda la atención a nuestros ojos, es importante llevar las cejas bien arregladas y depiladas.

MAQUILLAJE AHUMADO EN MARRÓN

En este apartado veremos cómo realizar un ahumado de una manera muy fácil. Ya sabes que el ahumado lo puedes realizar del color que más te guste. ¿PREPARADA?

PASO A PASO

OPCIÓN MÁS DRAMÁTICA...

1 Vamos a empezar delineando el ojo por la parte inferior y superior del ojo. No hace falta que sea un delineado perfecto, y es mejor hacerlo bastante gordito. Puedes utilizar un lápiz cremoso o bien una sombra en crema del mismo tono que la sombra.

2 A continuación, lo difuminamos un poco con una brocha de difuminar. A mí me gusta usar una sombra del mismo tono, para facilitar el difuminado.

3 Ahora tomamos la misma sombra con una brocha plana, y la aplicamos por todo el párpado móvil.

4 Como sombra intermedia, vamos a usar unos polvos bronceadores, porque a mí me encanta el efecto que dan, y los aplicamos con una brocha de difuminar en todo el pliegue.

5 Tomamos una sombra un poco más clara con una brocha cortita, y la aplicamos justo a ras de las pestañas inferiores.

6 Solo nos quedará tomar una máscara de pestañas que nos aporte volumen, y aplicarla muy bien, en las pestañas superiores e inferiores. ¡Y LISTO!

OPCIÓN MÁS DRAMÁTICA...

1 Otra opción (que queda más dramática) es usar una sombra de color, por ejemplo de color azul marino, y aplicarla por todo el centro del párpado, para aportar un toque de color.

2 ¡No olvides integrarlo todo bien difuminando con una brocha!

3 Delineamos la línea de agua con un lápiz negro.

¡Aquí tenemos
nuestro ahumado más
dramático listo!

Recuerda que puedes realizar el ahumado de distintas formas, dependiendo de la forma de tu ojo y del efecto que quieras conseguir.

✔ Puedes realizar el ahumado trazando una línea gruesa a ras de pestañas y difuminándola un poco. Hará que tu ojo se vea más almendrado y lo rasgará de manera natural. Además, daremos intensidad a las pestañas.

✔ También puedes hacer el delineado un poco más grueso y difuminarlo solo hasta el pliegue, para dejar el color únicamente en el párpado móvil y dar sensación de que el ojo es más redondito. Por eso, es ideal para chicas con el ojo muy rasgado o pequeñito.

✓ Otra opción es difuminar el color hacia el lagrimal y, si quieres, aplicar color por la parte de abajo.

Si tienes los ojos muy juntos, no te recomiendo esta opción, porque hará que este efecto sea mayor.

✓ Otra alternativa es es difuminar sobre todo el extremo de fuera hacia la ceja para darle más intensidad al ojo y dejarlo más rasgado y llamativo.

MAQUILLAJE DE CEJAS

Muchas tienen unas cejas poco pobladas, pero en ocasiones nos pasamos con las pinzas y las dejamos más delgadas de lo que deberíamos. Así que veamos un maquillaje de cejas, para que puedas corregirlas bien.

¡RECUERDA QUE LAS CEJAS EXPRESAN MUCHÍSIMO POR SÍ SOLAS!

PASO A PASO

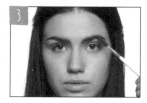

1 Lo primero que tienes que hacer es definir la dirección de los vellitos de las cejas peinándolas bien con un cepillito.

2 A continuación, pasaremos a maquillarlas. Puedes hacerlo con un lápiz marrón especial para las cejas o bien con un poco de sombra de ojos marrón. Tanto con un método como con el otro, es importante hacerlo poco a poco y con la técnica de pelito a pelito, es decir, realizando trazos pequeños. Es importante primero marcar la ceja por debajo y por encima, y luego rellenarla.

3 Una vez maquillada, vamos a volver a peinarla para retirar el exceso de sombra o lápiz que nos haya podido quedar.

4 Para definirla aún más, y dejar el acabado más pulido, a mí me gusta aplicar un poco de corrector en los extremos, y difuminarlo muy bien con una brocha.

¡TAMBIÉN SIRVE PARA APORTAR
LUZ A NUESTRA MIRADA!

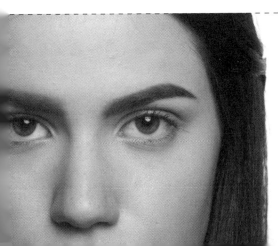

Y ya tenemos nuestras cejas
listas para lucirlas.

TIPO DE ROSTRO
¿CUÁL ES EL MÍO? ¿CÓMO LO CORRIJO?

*C*uadrado, triangular, más bien redondo... ¿no te has preguntado nunca qué tipo de rostro tienes? En este pequeño espacio vas a saber reconocer cuál es el tuyo. Pero al fin y al cabo, reconocer tu tipo de rostro no sirve de nada si no lo tienes en cuenta para saber potenciarlo con el maquillaje y cómo peinarte para que te veas bien. También recuerda que lo más esencial no es saber si mi rostro es un triángulo invertido, o si es cuadrado, sino reconocer hacia dónde tiende a ir: si es más bien alargado o redondo, si tienes las facciones más bien marcadas o no y sus proporciones (mandíbula más ancha que frente, o frente más ancha que la mandíbula, por ejemplo).

Podemos clasificar los tipos de rostro en tres grupos, según si predomina más el eje vertical del rostro (longitud), el eje horizontal (amplitud) o hay una combinación de zonas más anchas y zonas más estrechas en un mismo rostro.

PARA SABER QUÉ TIPO DE ROSTRO TIENES, COLÓCATE DELANTE DE UN ESPEJO CON LA CARA TOTALMENTE DESPEJADA. BUSCA LOS PUNTOS DE LA FRENTE, PÓMULOS Y MENTÓN E INTENTA VER QUÉ SOBRESALE MÁS Y QUÉ SOBRESALE MENOS. TAMBIÉN PUEDES PINTAR EN EL ESPEJO LA FORMA DE TU ROSTRO CON LÍNEAS RECTAS, SIGUIENDO SU FORMA NATURAL. A PARTIR DE AQUÍ, PUEDES EMPEZAR A INVESTIGAR QUÉ LÍNEA PREDOMINA MÁS (HORIZONTAL O VERTICAL) E IR DESCARTANDO ROSTROS, HASTA ENCONTRAR EL TUYO.

PREDOMINIO DEL EJE VERTICAL

ROSTRO OVALADO

Es el rostro considerado perfecto, porque tiene unas proporciones muy armónicas y equilibradas. Tiene la forma de un huevo al revés, y la parte de la frente es un poco más ancha que la de las mandíbulas, aunque la zona de las sienes y los pómulos es la más ancha del rostro.

No hace falta corregirlo, pero si te apetece, puedes potenciar los rasgos que te interesan. Por ejemplo, si te gustan unos pómulos bien marcados, puedes aplicar un poco de oscuro justo debajo del hueso para dar profundidad. Eso sí, si queremos una piel perfecta y fresca, lo ideal es hacer las correcciones que hemos explicado anteriormente ya que sirven para cualquier tipo de rostro.

ROSTRO ALARGADO

La frente suele ser larga y estrecha, igual que la mandíbula. La barbilla es alargada y muchas veces los pómulos son altos.

Para corregir este rostro, tienes que aplicar colores oscuros en el nacimiento de la frente y en la barbilla para acortar visualmente el rostro, y colores claros en las sienes para ampliarlo.

ROSTRO RECTANGULAR

Este tipo de rostro también es largo y estrecho, y lo único que le diferencia del rostro alargado es que sus líneas son más angulosas. Las chicas que tienen este tipo de rostro suelen ser muy fotogénicas.

Para corregirlo, daremos luz (colores claros) en las sienes para que el rostro se vea más ancho, y tonos oscuros encima de las sienes y en los maxilares para redondear más el rostro.

ROSTRO REDONDO

Es un rostro ancho, donde los ejes horizontales y verticales son muy parecidos. Además, los contornos del rostro son muy redondeados, sin ángulos y sin apenas relieve.

Las correcciones de este rostro son, simplemente, aportar un poco de luz a la frente y al mentón para alargarlo, y oscurecer los laterales para dar más sensación de longitud y no tanta de amplitud.

ROSTRO CUADRADO

Es igual que el rostro redondo pero con la diferencia de que las líneas son más angulosas. A modo de comparación, sería el mismo caso que el rostro alargado y el rostro rectangular. Si lo observamos de frente, veremos que apenas presenta pómulos por la línea recta que hay en las mejillas.

Para corregir este rostro, aplicaremos el color claro en la frente y el mentón para alargar la línea vertical y, al igual que el rostro rectangular, pondremos oscuros por encima de la sien y en los maxilares para que, visualmente, el rostro no se vea tan anguloso.

ROSTROS MIXTOS

ROSTRO HEXAGONAL O DIAMANTE

Este tipo de rostro tiene los ángulos bastante marcados, con pómulos altos. La frente suele ser estrecha, al igual que la barbilla, aunque esta última normalmente es puntiaguda.

Para corregirlo, aplicaremos tonos claros en la parte superior de la sien y del maxilar y, en cambio, pondremos tonos oscuros en los pómulos para hundirlos un poco.

ROSTRO TRIANGULAR

La frente es estrecha, los pómulos apenas tienen volumen y el maxilar es bastante ancho, incluso a veces puede terminar en punta. Los ojos pueden tender a estar juntos por la estrechez de la parte superior.

Para corregir este tipo de rostro, basta con aplicar tonos claros en la sien y en los extremos de la frente. En cambio, el color oscuro lo pondremos en el maxilar, incluso en la barbilla.

ROSTRO TRIANGULAR INVERTIDO

Es el caso opuesto al rostro triangular: tiene la frente ancha y larga, y la cara más bien corta. Normalmente, este tipo de rostro tiene una barbilla estrecha y los pómulos altos.

Este rostro lo corregiremos aplicando colores claros en los laterales del rostro, justo debajo del pómulo, para ensanchar la mandíbula. El color oscuro lo pondremos al final de la barbilla y encima de las sienes para estrechar un poco la frente.

CONSEJO

Después de explicar los tipos de rostro más generales que encontramos, no quiero que te obsesione la idea de encasillar tu rostro a un tipo específico. Lo más importante es mirarnos al espejo e identificar nuestras proporciones para sacarnos el mayor partido.

CORRECCIONES

DE LOS OJOS

OJOS CAÍDOS

Para corregir unos ojos caídos daremos fuerza a la parte exterior del ojo. Para ello, marcaremos un delineado con lápiz siguiendo la línea de las pestañas de abajo, sobre todo para marcar un límite y que las sombras no se nos bajen demasiado. De esta forma, siempre mantendremos el ojo ascendente. Aplicaremos solo máscara de pestañas en las pestañas superiores, y potenciaremos más las del extremo de fuera. Si tienes las pestañas cortas, puedes usar pestañas postizas individuales solo en el extremo para aportar aún más fuerza. Es importante no poner sombras claritas en el lagrimal y si nos delineamos el ojo por la parte inferior, podemos engrosar la parte del inicio para equilibrar el ojo.

OJOS ASCENDENTES

Para este tipo de ojos haremos un delineado completo por la parte de arriba y lo terminaremos en horizontal. En la parte de abajo, delinearemos de la mitad del ojo hacia fuera, uniéndolo con el delineado de arriba, y lo ensancharemos un poco para conseguir un equilibrio.

OJOS JUNTOS

Tendremos que aportar mucha luz en el lagrimal para abrir la mirada, y lo conseguiremos con sombras claras. Los delineados y las sombras siempre tendrán que ir desde la mitad del ojo hasta el extremo de fuera. Potenciaremos la máscara de pestañas, sobre todo, en el extremo de fuera, y también podríamos aplicar pestañas postizas individuales.

OJOS SEPARADOS

La fuerza del maquillaje la tendremos que dar en la parte de dentro del ojo. Es muy importante marcar el ángulo interior del ojo, y dejar más sutil la parte del extremo de fuera. En este caso, el delineado lo haremos desde el inicio del ojo hasta el final, enmarcando todo el ojo, y potenciaremos la máscara de pestañas en el extremo de dentro.

OJOS REDONDOS

No maquillaremos nunca el punto más alto ni más bajo del ojo. Es importante que potenciemos los extremos de dentro y de fuera, ya sea con un delineado o con la misma máscara de pestañas, para rasgar un poco más el ojo. Además, las sombras también las pondremos de forma rasgada, para dejarlo más almendrado y horizontal.

OJOS SALTONES

Tendremos que intentar esconder los ojos saltones, y lo conseguiremos usando sombras oscuras. Además, podemos hacer la misma técnica que la del ojo redondo, puesto que los ojos saltones suelen ser más redondos. También sería interesante aplicar luz en el arco de la ceja para equilibrar los volúmenes.

OJOS HUNDIDOS

Para corregir los ojos hundidos, tendremos que destacarlos aplicando sombras claritas en la cuenca del ojo y, en cambio, pondremos una sombra más oscura en el arco de la ceja para igualar, también, los volúmenes. Además, trabajaremos muy bien la máscara de pestañas para abrir la mirada y conseguir más amplitud.

¿QUÉ COLORES ME FAVORECEN?

MORENAS

👍 A las chicas morenas, de piel oscura y ojos oscuros, les sientan de maravilla las sombras en tonos fríos: TODA LA GAMA DE GRISES AZULES, VERDES Y VIOLETAS.

PARA ILUMINAR LA MIRADA

LOS IDEALES SON LOS TONOS BEIGE Y TIERRA.

PARA EL RUBOR

LO MEJOR SERÁN LOS TONOS CORALES, ANARANJADOS Y MELOCOTONES.

PARA LOS LABIOS

FUCSIAS, ANARANJADOS, LOS ROJOS CON UN SUBTONO NARANJA Y BRONCES SON LA MEJOR OPCIÓN.

Las chicas rubias naturales suelen ser de piel clarita y ojos claritos. A este tipo de pieles le van fenomenal LOS TONOS ROJOS, FUCSIAS, AZULES, VERDES, VIOLETAS Y AMARILLOS.

Si eres rubia con la piel clara y los ojos claros (azules o verdes), te van a quedar genial las sombras en tonos vainilla, berenjena, y toda la gama de azules y violetas. Escoge delineados en gris, en negro y marrón, para resaltar más tus ojos.

Si eres rubia, con la piel clara y tus ojos son más bien marrones o miel, usa tonos más cálidos y suaves, como dorados, vainillas, verdes pasteles, beige y grises.

PARA EL RUBOR

LOS TONOS ROSADOS Y MELOCOTONES SON LOS RUBORES QUE TE SENTARÁN GENIAL.

PARA LOS LABIOS

LOS TONOS ANARANJADOS Y ROJOS TE QUEDARÁN FENOMENAL. TAMBIÉN PUEDES APOSTAR POR BARRAS BRILLANTES O *GLOSS*.

PELIRROJAS

👍 A las pelirrojas les quedan muy bien las sombras en TONOS VERDE, OLIVA Y CAQUI, así como los DORADOS, COBRIZOS, COLORES CANELA Y TONOS TEJA.

PARA EL RUBOR

ES MEJOR EVITAR LOS ROJOS Y APOSTAR POR TONOS MÁS NATURALES COMO LOS CORALES, ALBARICOQUES Y MELOCOTONES, PUESTO QUE APORTARÁN MÁS CALIDEZ.

PARA LOS LABIOS

LA MEJOR OPCIÓN SON TONOS CORAL, MELOCOTÓN Y ROSADOS, AUNQUE LABIOS ROJOS SI EL RESTO DEL LOOK ES MUY NATURAL SIEMPRE PUEDEN QUEDAR BIEN.

CASTAÑAS

Si eres castaña con ojos oscuros y piel doradita te van a quedar genial los naranjas, marrones y dorados.

Si eres castaña pero tus ojos son más claritos (verdes, azules o grises) lo mejor es que apuestes por tonos más pasteles: violetas, malvas y vainillas.

Si tienes los ojos marrones o color miel, elige sombras de color kaki, amarronadas, café o doradas.

PARA EL RUBOR

LOS COLORES NARANJA, MELOCOTONES, CORALES, ROJIZOS Y AMARRONADOS SON IDEALES.

PARA LOS LABIOS

EN TONOS SALMÓN, ROSA, ROJO, VINO, GRANATE Y NARANJAS.

TRUCOS Y CONSEJOS
PARA LOS LABIOS, CEJAS Y PESTAÑAS

LABIOS

✓ Si tus labios están agrietados, ya sea por el clima o bien porque están deshidratados, es importante exfoliarlos una vez a la semana para quitar las células muertas. Bastará con mezclar un poquito de azúcar y miel y pasar esta pasta por los labios. También puedes usar un cepillo de dientes. Una vez exfoliados, los tendrás que hidratar con vaselina o bálsamo.

✓ Para que el arco de cupido (la zona central del labio superior) quede bien delineado, puedes realizar una cruz con un lápiz en la parte central de los labios. Después, delinear todas las comisuras y, finalmente, rellenar los labios, primero con el lápiz y luego con la barra.

✔ Si te cuesta delinear tus labios o los tienes muy asimétricos, lo mejor es borrarlos con base de maquillaje o corrector, y dibujarlos de nuevo corrigiéndolos.

✔ Para que tus labios queden más definidos una vez pintados, puedes aplicar un poco de corrector en los bordes para que el trazo quede más limpio, o bien usar un lápiz de color crema. Después, solo tendrás que difuminarlo muy bien. A mí me gusta usar un palito de algodón porque de esta forma tengo más precisión.

✓ Si quieres que tu labial te dure más, aplica polvos traslúcidos después de rellenarlos con lápiz. Finalmente, aplica la barra.

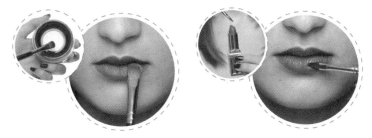

✓ Para dar más volumen a tus labios, usa productos como la canela o el hielo. Solo tienes que aplicarlos un poco los labios, dejarlos unos minutos y retirarlos. Eso hará que tus labios sean más voluminosos.

✓ Si tienes los labios muy finos, delinéate las comisuras por la parte de afuera, para que así parezcan más grandes. Otro truco es aplicar un tono más claro o un poco de iluminador justo en la parte del centro para dar sensación de más volumen.

✓ Lo que también puedes hacer es rellenarlos por la parte de las comisuras con un tono más oscuro, y por la parte del centro con un tono más claro.

CEJAS

Para depilar las cejas es importante tener en cuenta cómo son nuestros ojos (juntos o separados) y cómo tenemos la nariz (muy ancha o no).

No sé si conoces el viejo truco de tomar como referencia el final de la aleta de nariz para saber cómo debe ser nuestra ceja:

⚲ TRUCO

1 Tomamos un lápiz blanco y una brocha u otro lápiz. Lo que hay que hacer es colocar el lápiz en vertical, de manera que un extremo toque la aleta de la nariz y, el otro, debería marcarnos el inicio de la ceja.

2 Para saber dónde debe terminar nuestra ceja, colocaremos el lápiz igual que antes, pero la parte del medio del lápiz deberá pasar por el extremo de fuera del ojo. Así, la parte final nos marcará la terminación de nuestra ceja.

3 Para marcar el punto más alto de nuestra ceja, pasamos el un lápiz en diagonal, de manera que uno de los extremos pase por la aleta de la

nariz y la parte del medio pase por el iris. De esta forma, el otro extremo del lápiz nos va a marcar el punto más alto.

⊙ IMPORTANTE ⊙

¿Qué puede ocurrir? Pues que muchas veces tenemos una nariz muy ancha, o muy estrecha. Entonces no podemos fiarnos de este método, porque nos van a quedar unas cejas demasiado separadas, o demasiado juntas. Es por eso que tenemos que tener en cuenta cómo es nuestra nariz a la hora de definir la ceja.

✔ Si tienes pocas cejas, lo ideal es que las maquilles de manera muy natural con tonos marrones muy suaves. La técnica del pelito a pelito es la mejor, es decir, ir marcando con un lápiz de cejas o una brocha y un poco de sombra marrón los pelitos, desde abajo hacia arriba.

✔ Si tienes las cejas muy abundantes, no hace falta que las maquilles.

✓ Si tienes las cejas rebeldes, puedes fijarlas con un fijador de cejas, con una máscara de pestañas transparente o bien con un cepillo y un poco de laca.

☞ TRUCO

CUANDO SE TE HAYA GASTADO UNA MÁSCARA DE PESTAÑAS, LIMPIA BIEN EL CEPILLO Y TE SERVIRÁ PARA PEINAR LAS CEJAS.

✓ Para agrandar el ojo y abrir la mirada, es importante tener las cejas bien depiladas por la parte de abajo.

✓ Si tus cejas son muy largas, puedes cortarlas. Solo hace falta peinar hacia arriba la primera mitad de la ceja (la más cercana a la nariz) y cortar los pelitos sobrantes, y peinar y cortar hacia abajo la segunda mitad, del punto más alto hasta el final de la ceja.

✔ Si te has teñido el cabello de un tono más claro y tus cejas se ven demasiado oscuras, puedes aclararlas progresivamente con un poco de agua oxigenada, teñirlas con un tinte especial para cejas o bien utilizar un poco del mismo tinte del cabello. Para el método del agua oxigenada, solo hace falta aplicarla por toda la ceja con un bastoncillo de algodón, y después irnos al sol para resultados más inmediatos. Este proceso lo deberemos repetir una vez o dos al día, hasta conseguir el color deseado.

CONSEJO

CUIDADO CON DEPILAR DEMASIADO LAS CEJAS,
una excesiva depilación puede provocar que no crezcan más.

LO QUE TUS CEJAS REFLEJAN:

✓ Las cejas finas y poco pobladas son recomendadas para rostros y ojos pequeños, y con poco párpado.

✓ Las cejas gruesas y pobladas son ideales para ojos grandes y párpados altos. Si un rostro con ojos pequeños lleva unas cejas gruesas, dará sensación de tener los ojos aún más pequeños.

✓ Unas cejas horizontales tienden a ensanchar el rostro, es por eso que este tipo de cejas favorecen a los rostros alargados. Por otro lado, unas cejas con líneas más ascendentes alargan el rostro, por ello son ideales para rostros más redondeados.

✓ Si tus ojos son caídos puedes levantarlos elevando el final de la ceja y utilizando las correcciones de los ojos que expliqué anteriormente. Por el contrario, si tus ojos son más bien ascendentes, puedes curvar un poco más tu ceja hacia abajo, y aplicar, también, las correcciones de los ojos.

✓ Las cejas muy juntas tienden a estrechar la nariz, por lo que si tu nariz es ancha puedes dejarlas un poco más juntas. Si por el contrario, dejamos las cejas más separadas, nuestra nariz va a parecer más ancha.

✓ Unas cejas gruesas endurecen mucho el rostro, por lo que si queremos suavizar su efecto, las tenemos que depilar por la parte inferior, sobre todo en la zona central; para que queden más altas.

✓ Para dar forma a unas cejas redondas, las tenemos que depilar un poco por encima para quitar la curvatura del arco, además de afinar un poco el extremo para dar sensación de que son más alargadas.

✓ Si tenemos los ojos separados, nunca debemos dejar mucho espacio entre ceja y ceja. En cambio, si los tenemos muy juntos, es mejor dejar un poquito más de espacio.

Si tienes las pestañas cortas, lo ideal es rizarlas con un rizador de pestañas.

¡LA MIRADA CAMBIA POR COMPLETO!

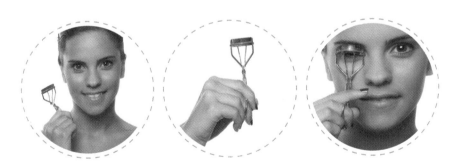

Las chicas con pocas pestañas pueden utilizar pestañas postizas. Si te da miedo porque quieres un efecto muy natural, venden pestañas postizas de pelo a pelo, para colocarlas solo en el extremo de fuera y agrandar la mirada. Incluso puedes cortar por la mitad unas pestañas postizas normales para que tus ojos no se vean tan llamativos.

PASO A PASO

DE LA COLOCACIÓN DE PESTAÑAS POSTIZAS

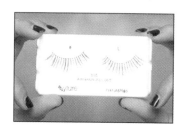

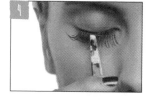

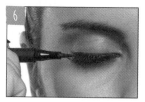

1 Tomamos las pestañas postizas con unas pinzas.

2 Colocamos un poquito de adhesivo en la uña del dedo pulgar. A mí me gusta hacerlo así porque puedo repartir bien todo el adhesivo por las pestañas postizas y no te manchas los dedos.

3 Repartimos bien el adhesivo por toda la cinta que une las pestañas.

4 Y las colocamos a ras de nuestras pestañas.

5 Las acomodamos si hace falta, las acabamos de aplicar bien.

6 Y nos delineamos justo a ras de pestañas para dejarlo todo más pulido, y tapar los restos de adhesivo que se puedan entrever.

7 Solo nos quedará aplicarnos la máscara de pestañas. Aplicar bien la máscara de pestañas lo es todo. Hay que llegar muy bien a la raíz y trabajar bien las pestañas moviendo el cepillo en zigzag y girándolo al mismo tiempo.

💬 TRUCO

PARA QUE LAS PESTAÑAS ADQUIERAN MÁS VOLUMEN, APLICA UN POQUITO DE POLVOS TRASLÚCIDOS. ME GUSTA MUCHO EL EFECTO DE VOLUMEN QUE DA, Y LA VERDAD ES QUE QUEDA GENIAL.

¡ASÍ DE FÁCIL!

¿CÓMO COMBINAR LOS COLORES?

A veces queremos conseguir un *look* de sombras natural, o un *look* más sofisticado, y no sabemos cómo crearlo exactamente. Así que en este espacio vamos a hacernos una idea sobre cómo combinar las sombras según el efecto que queramos conseguir, más de día o de noche, y según lo atrevidas que seamos para llevarlas, claro está. Para combinarlas, solo hace falta que repasemos algunas nociones básicas que seguro que ya conoces, como por ejemplo que los colores se pueden dividir en primarios, secundaros y terciarios.

¿Y CUÁLES SON?

LOS COLORES PRIMARIOS son el rojo, el azul y el amarillo, y los tres representan colores puros.

En cambio, LOS COLORES SECUNDARIOS son el verde, el naranja y el violeta, y surgen de la mezcla de dos colores primarios.

Finalmente, tenemos LOS TERCIARIOS, que se forman gracias a la mezcla de un color primario y uno de los secundarios.

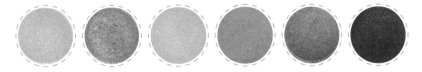

Todos estos colores se encuentran en el círculo cromático o rueda de color, y se pueden dividir en fríos o cálidos, según la pigmentación que tengan. Los colores con más pigmentación azul serán los colores fríos: morados, violetas, verdes, azules, etcétera. En cambio, los colores con más pigmentación amarilla serán los cálidos: rojos, naranjas, amarillos, etcétera.

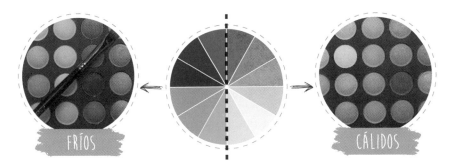

A la hora de combinar las sombras, podemos hacer cinco tipos de combinaciones:

✔ Podemos realizar una COMBINACIÓN MONOCROMÁTICA (de un solo color). Para ello, mejor elegir sombras del mismo tono o de tonos distintos (azul claro y azul oscuro). Esta combinación, aunque parezca sencilla, resultará muy elegante y femenina.

✔ Otra combinación que podemos hacer es la de COLORES COMPLEMENTARIOS. Como ya comenté, este tipo de combinación siempre será con un primario y un complementario (rojo-verde, azul-naranja, y amarillo-violeta). Son combinaciones arriesgadas, porque son colores que se resaltan mutuamente, pero ideales, por ejemplo, para la noche. Si quieres adaptar un poco más el *look* para el día, te recomiendo que utilices la combinación de colores complementarios en tonos más neutros, como por ejemplo un mostaza y un dorado.

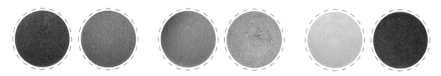

✔ Una nueva combinación que podemos hacer, y que para mí es la ideal, es la de COLORES ANÁLOGOS, es decir, los que se encuentran juntos en el círculo cromático. Son colores muy armónicos y que quedan fenomenal. Por ejemplo: un beige y un marrón más oscuro, un azul cielo y otro más azul mar, etcétera.

✔️ También podemos combinar los COLORES COMPLEMENTARIOS ANÁLOGOS. Solo hay que escoger un color, por ejemplo el rojo, y buscar su complementario, en este caso el verde. Pero no vamos a combinar rojo y verde, sino rojo y los dos colores que se encuentran al lado del verde, en este caso un verde más amarillo y un verde más azulado. Esta es una forma, también, de combinar tres sombras de modo más discreto.

✔️ Finalmente, una última combinación es la de la TRÍADA DE COLOR. Para combinar tres sombras de manera equilibrada, solo hay que escoger tres que estén colocados en la rueda de color en forma de triángulo equilátero. Por ejemplo, el rojo, el azul y amarillo. Eso sí, hay que tener en cuenta que estos son colores muy intensos. Si no nos gusta usar sombras tan fuertes, podríamos hacer combinaciones más suaves.

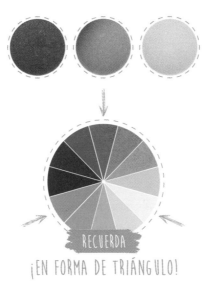

RECUERDA

¡EN FORMA DE TRIÁNGULO!

CABELLO

❧ TIPOS DE CABELLO

A todas nos ha pasado que una amiga nos recomienda un champú que a ella le funciona fantásticamente bien, que le da mucho brillo y hace que el pelo le dure mucho tiempo limpio. En cambio, en nuestro cabello este mismo champú es un horror. Y lo mismo puede ocurrir con acondicionadores, mascarillas, etcétera. Esto es porque, al igual que la piel, todas tenemos un tipo de cabello distinto: más fino, más grueso, más graso, más seco, etcétera. Así que vamos a platicar los tipos de cabello que encontramos, y cómo los tenemos que tratar —por así decirlo— para sacarles el máximo partido y que luzcan sanos, bonitos y brillantes.

TEÑIDO O NATURAL

NATURAL

El cabello natural es aquel que tenemos, tal cual, y que aún no ha entrado en contacto con ningún producto químico, y con eso me refiero a tintes, baños de color, decoloración y todo lo relacionado con el cambio de color.

Un cabello natural puede ser grueso o fino, y graso, seco o normal.

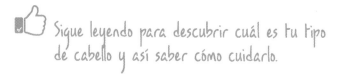

Sigue leyendo para descubrir cuál es tu tipo de cabello y así saber cómo cuidarlo.

TEÑIDO

Un cabello teñido es aquel que se ha sometido a productos químicos para cambiar su color natural, ya sea para tapar las canas o, simplemente, para conseguir un nuevo *look*. Normalmente, un cabello mal teñido se vuelve más frágil, seco y quebradizo por la alteración del pH del cabello, de modo que poco a poco se va secando. Para cuidar el cabello teñido y mantener el color, se pueden seguir algunas recomendaciones específicas, aunque sirven perfectamente las mismas indicaciones que las del cabello seco.

Para potenciar el color, hay que utilizar un champú de color con el mismo tono que tu cabello teñido, sobre todo para aquellos colores que en seguida pierden brillo, como los rojizos o negros.

🍥 TRUCAZO

YO RECOMIENDO QUE ALTERNES UN CHAMPÚ ESPECÍFICO PARA CABELLO TEÑIDO CON OTRO MÁS SUAVE.

 Para más consejos, consulta lo que debes hacer con el cabello seco.

LISO, ONDULADO O RIZADO

→ CABELLO LISO

El cabello liso es aquel que por naturaleza es así y, además, sin hacer nada. Los únicos inconvenientes de este tipo de cabello es que apenas tiene volumen y se encrespa muy rápidamente, por lo que a muchas chicas no les gusta.

LO QUE TIENES QUE HACER...
SI TU CABELLO ES LISO:

✔ Utilizar productos que aporten volumen, como champús de volumen o espumas. Eso sí, que no sean muy grasos porque el cabello liso tiende a ser fino y se ensucia mucho más rápido. Si lo que quieres es un cabello voluminoso, cuanto más corto sea más volumen tendrás, porque el cabello pesará menos.

✔ Secar tu cabello boca abajo si quieres conseguir más volumen.

✔ Cepillar tu cabello con cerdas naturales para evitar el encrespamiento o *frizz*.

✔ Cortar las puntas una vez cada dos meses. En un cabello fino se ven más las puntas abiertas, por ello hay que cortarlas a menudo.

CABELLO ONDULADO Y RIZADO

El cabello ondulado es el que, de forma natural, tiene ondas suaves y bonitas. Normalmente, los bucles empiezan de medios a puntas, y la parte del cuero cabelludo es más lisa. En cambio, el rizo del cabello rizado tiene la forma de tirabuzón o sacacorchos, y el bucle se mantiene igual desde el cuero cabelludo hasta el final. Dentro del cabello rizado, también encontramos el cabello afro, que tiene el rizo mucho más pequeño, en cuanto a anchura se refiere, y es un cabello mucho más denso.

LO QUE TIENES QUE HACER...
SI TU CABELLO ES ONDULADO O RIZADO:

- ✔ Desenredar el cabello cuando esté húmedo y con un cepillo de cerdas anchas y naturales, porque es muy delicado.
- ✔ Nutrir mucho el cabello, en especial el cabello rizado, porque se reseca.
- ✔ Peinar el cabello húmedo con un peine de dientes anchos y, si se quiere conseguir una mayor definición del rizo, quitar el exceso de agua con una toalla, a toques.
- ✔ Secar el cabello con el difusor si quieres tener unos rizos definidos.
- ✔ Usar espuma o crema para definir el rizo.

PASO A PASO

Consigue el liso perfecto

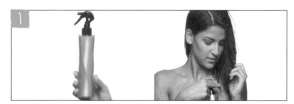

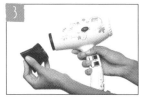

1. Al salir de la ducha con el cabello mojado, aplicamos el protector del calor de medios a puntas para que nuestro pelo no se dañe con la secadora ni la plancha.

2. A continuación, nos secamos el cabello con aire caliente para quitar todo el exceso de agua.

3. Una vez tengamos el pelo húmedo, lo terminamos de secar con la secadora y una boquilla.

4. Con un cepillo redondo y la secadora, iremos secando todo el cabello, deslizando el cepillo con una mano y sosteniendo la secadora con la otra.

5. Si queremos conseguir volumen en la raíz, es importante poner el cepillo de esta forma.

6. Poco a poco y con paciencia, iremos pasando la secadora y el cepillo redondo por nuestro cabello, hasta que esté totalmente seco.

7. A continuación ponemos la opción de aire frío de la secadora.

8. Y volveremos a pasar la secadora para fijar el peinado. Recuerda que el aire frío ayuda a sellar. A mí me gusta pasar aire frío después porque fija el peinado.

9. Para un liso brillante y duradero, deslizamos las planchas suavemente por todo el cabello, mediante secciones pequeñitas.

10. Tomamos mechones y los vamos alisando.

11. Si quieres, te puedes ayudar de un peine.

12. Para conseguir volumen, primero aplicamos un poco de calor en la raíz con el cabello en vertical,

13. Y luego deslizaremos la plancha hacia abajo.

14. Para terminar, aplicamos un poco de sérum en la palma de la mano.

15. Y lo pondremos de medios a puntas, para aportar brillo y suavidad.

¡Me encanta cómo deja el pelo! Y además huele genial.

Y LISTO, ya tenemos nuestro liso perfecto.

PASO A PASO

Si tienes el cabello ondulado o rizado pero con un rizo no muy definido,
aquí veremos el paso a paso sobre cómo conseguir un rizo perfecto
y un cabello bonito y brillante.

1 Al salir de la ducha, nos colocamos una toalla enrollando todo el cabello para quitarle el exceso de agua.

2 Después, volvemos a pasar la toalla a toques, sin frotar el cabello porque lo podemos dañar. De esta forma, acabaremos de secarlo bien para quitarle toda la humedad.

3 Tomamos un peine de dientes anchos y nos peinamos el cabello. Primero de medios a puntas para desenredarlo bien y luego vamos subiendo.

4 Para no debilitar el cabello con el calor de la secadora, nos aplicamos un poco de protector del calor de medios a puntas.

5 Ponemos un poco de espuma en la palma de la mano.

6 Y de abajo hacia arriba iremos aplicándonos la espuma por todo el cabello.

7 A continuación, colocamos el difusor en nuestra secadora habitual.

8 Y ya podemos empezar a secar. Es importante no alborotar mucho el cabello y utilizar el difusor de esta forma, para que nos quede un rizo bien definido.

9 Para secar las raíces lo haremos así.

10 Y las puntas las secamos de esta forma.

11 Cuando nuestro cabello ya esté totalmente seco, ponemos un poco de sérum en la palma de la mano.

12 Y lo repartimos bien de medios a puntas, para dar brillo al cabello.

13 Finalmente, si queremos conseguir un rizo más voluminoso, podemos hacer este gesto, como si estuviéramos desenredando el mechón.

¡ASÍ DE FÁCIL!

GRUESO, FINO O NORMAL

→ CABELLO GRUESO

Decimos que un cabello es grueso cuando el diámetro del pelo es más ancho que el de otros tipos de cabello y, por lo tanto, parece que tengas muchísima más cantidad. Normalmente tiende a ser áspero, pero también tiene muchas ventajas, como por ejemplo que es más fuerte y responde superbién a los tratamientos capilares.

LO QUE TIENES QUE HACER...
SI TU CABELLO ES GRUESO

✓ Usar un champú que contenga siliconas o que sean más hidratantes y nutrientes, porque lo va a suavizar y le dará muchísimo brillo.

✓ Secar suavemente el pelo con una toalla para quitar todo el exceso de agua y, después, trabajar bien el cabello con la secadora y un cepillo redondo de cerámica para aportar más brillo y evitar el encrespamiento, usando siempre antes un protector del calor.

El cabello fino es todo lo contrario al cabello grueso. No tiene apenas grosor, por lo que se ve menos cantidad y es más frágil y sensible. Al ser tan fino, como ya mencioné, muchas veces se engrasa antes.

LO QUE TIENES QUE HACER...
SI TU CABELLO ES FINO

- Aplicar espuma o laca en la zona de las raíces cuando esté mojado para darle más volumen.
- Trabajar las raíces para conseguir volumen.
- Utilizar champús en seco o sprays de volumen.
- Usar champús que no sean muy pesados ni muy nutrientes para evitar que se engrase el cabello.
- Peinar suavemente con un cepillo de cerdas naturales y dientes anchos y evitar peinarlo en exceso.
- Evitar aplicar un exceso de producto y también demasiados productos porque ensucian mucho el cabello. Intentar que estos sean lo más naturales posibles.
- No secar el cabello frotando de forma brusca con la toalla. En lugar de eso, quitar el exceso suavemente con la toalla y secar con la secadora, siempre aplicando un protector del calor antes.
- Evitar altas temperaturas, tanto en la secadora como en la plancha.

→ CABELLO NORMAL

Si consideras que tu cabello no es muy grueso ni tampoco muy fino, es que tienes un cabello normal. Este tipo de cabello no necesita ningún cuidado específico, simplemente tratarlo de forma adecuada, hidratándolo mucho e ir cortándolo de vez en cuando para sanear las puntas.

Ahora bien, tanto el cabello grueso, como el cabello fino y normal, pueden ser teñidos o naturales, y lisos, rizados u ondulados, así que te recomiendo que leas las recomendaciones de los otros apartados para completar tus cuidados.

SECO, GRASO O NORMAL

CABELLO SECO

El cabello seco es aquel que está deshidratado por falta de producción de grasa capilar, que lo cubre. Así pues, lo veremos más quebradizo, frágil, difícil de peinar y sin brillo. Un cabello puede ser seco porque las glándulas encargadas de producir el sebo no funcionen adecuadamente, pero también por el uso de agresores externos como la plancha, la secadora, champús agresivos, tintes y productos químicos.

LO QUE TIENES QUE HACER...

SI TU CABELLO ES SECO

✓ Lavarlo con agua fría o tibia porque el agua caliente lo reseca más.

✓ Usar champús suaves o especiales para cabellos secos. También puedes utilizar champús hidratantes.

✓ Utilizar cepillos y peines con cerdas naturales para evitar romper el cabello.

✓ Aplicar un protector del calor antes de utilizar la secadora, la plancha y las tenazas, y controlar bien la temperatura de estas herramientas.

✓ Evitar los productos químicos agresivos.

✓ Hacer masajes en el cuero cabelludo con aceite (puede ser de oliva, de coco, de jojoba, de ricino o de almendras). De este modo se activará la circulación sanguínea y se estimulará la producción de grasa. Si solo tienes secas las puntas, aplica los aceites en esta zona.

✓ Usar una mascarilla nutritiva al menos una vez a la semana para hidratar en profundidad el cabello. Si tienes las puntas muy estropeadas, lo mejor es que también utilices un sérum o algún tipo de aceite.

CABELLO GRASO

El cabello graso es el opuesto al cabello seco, es decir, es aquel que tiene un exceso de sebo en el cuero cabelludo. Podemos tener el cabello graso por varios motivos: por la genética, por la toma de algunos medicamentos, por una mala alimentación, por cambios hormonales, por el clima, el estrés, por tener el cabello muy fino, etcétera. Aunque pueda parecer raro, un cabello muy graso es propenso a la caída (porque la grasa tapa la raíz) y a padecer caspa.

LO QUE TIENES QUE HACER...
SI TU CABELLO ES GRASO

✓ Llevar el pelo limpio. Es evidente que un pelo graso nos pide mucha más limpieza porque se ve sucio. Se tiene que llevar bien, y si es necesario, lavarlo todos los días, aunque yo soy partidaria de intentar alargar los lavados. Por ejemplo, si algún día nos quedamos en casa, podemos esperar a lavarnos el pelo al día siguiente, o usar algún tipo de champú en seco. Si nos tenemos que lavar el cabello todos los días, lo mejor es utilizar champús suaves, porque los agresivos pueden producir el efecto contrario, es decir, si eliminamos toda la grasa del cuero cabelludo, este va a producir más.

✓ Si prefieres lavarte el pelo cada dos días, puedes usar un champú específico para cabello graso.

✓ Un cabello fino y con poca cantidad no tiene tanto problema en lavarse cada día porque lo puedes dejar secar al aire y tardas poco tiempo. El problema viene cuando tienes que lavar cada día un pelo grueso y con más cantidad: pierdes más tiempo, tienes que utilizar la secadora y más productos para que se vea bien, por lo que después puedes acabar con el cabello mucho más graso y estropeado.

✓ Evitar el uso de champús o productos que tengan aceites y siliconas, porque nos van a apelmazar el cabello y se verá aún más graso.

✓ No usar agua caliente para lavar el cabello, porque estimula la producción de grasa, ni la secadora con aire caliente. En lugar de eso, usar mejor agua tibia y secar el cabello al aire o con la secadora a baja temperatura, y evitar tenerlo muy cerca.

✓ Aplicar todos los productos capilares (mascarillas, acondicionadores y sérums) siempre de medios a puntas, y nunca en la raíz. Es importante que te asegures que has eliminado todo el producto cuando lo aclares.

✓ Evitar tocarte el pelo muy a menudo porque lo vas a engrasar mucho.

✓ No cepillar el cabello desde la raíz, siempre hazlo de medios a puntas, porque si no vas a repartir toda la grasa.

✓ Teñir tu cabello para controlar el exceso de grasa. Si estás pensando en teñirte, o ya lo estás, los cabellos grasos son ideales para usar tintes. Eso sí, sin abusar, porque puedes provocar las puntas secas y la raíz grasa.

✓ Secar el pelo con la cabeza hacia abajo para aportar volumen en la raíz, porque el cabello graso es propenso a no tener nada de volumen.

✓ Evitar llevar mechones y flequillos muy pegados al rostro: se van a ensuciar muy fácilmente.

SI TIENES EL CABELLO FINO Y GRASO, LO MEJOR ES QUE APLIQUES PRIMERO LA MASCARILLA Y DESPUÉS TE ENJABONES EL CABELLO.

PUEDE QUE TENGAS LAS PUNTAS SECAS Y LAS RAÍCES GRASAS

Si tienes el pelo graso y las puntas maltratadas (seguramente por el abuso de productos químicos y agentes externos como el sol, la plancha, la secadora, etcétera.), lo que yo recomiendo es usar dos tipos de champús: uno más neutro para la raíz y otro más nutritivo para las puntas. También puedes utilizar un champú neutro y, después, un acondicionador y mascarilla para las puntas (solo para las puntas).

CABELLO NORMAL

El cabello normal es fuerte y posee un volumen natural. Es elástico, tiene brillo, no es muy grueso ni muy fino y es fácil de peinar. Además, no tiene tendencia a ser seco ni a estar encrespado. Tener un cabello así es un lujo, y se tiene que cuidar muy bien para mantenerlo y que no se vuelva un cabello seco o graso.

LO QUE TIENES QUE HACER...
SI TU CABELLO ES NORMAL

- ✓ Lavar tu cabello cada dos días, y con una sola aplicación de champú. Utilizar demasiado champú puede hacer que tu cuero cabelludo se irrite y acabe siendo seco o que aparezca caspa.
- ✓ No abusar de la secadora. Yo recomiendo secar suavemente con una toalla para retirar el exceso de agua y dejarlo secar un poco al aire. Finalmente, darle el último toque con la secadora (no muy cerca) para terminar de secarlo.
- ✓ No dormir con el pelo mojado o húmedo porque se vuelve más fino y quebradizo.
- ✓ Tener una alimentación sana y equilibrada, rica en vitaminas (frutas y verduras) y minerales (productos lácteos, legumbres, frutos secos...).
- ✓ Masajear tu cuero cabelludo al menos una vez a la semana para oxigenar la raíz y estimular la circulación sanguínea.

PRODUCTOS
PARA EL CABELLO

✔ CHAMPÚ. Revisa bien qué tipo de cabello es el tuyo y elige uno adecuado para ti.

✔ ACONDICIONADOR. Lo aplicamos después del champú, facilita el peinado y suaviza el cabello.

✔ MASCARILLA. Es una muy buena forma de aportar nutrición extra a nuestro cabello. Solo se tiene que dejar actuar dos o tres minutos, ¡y listo!

✔ SÉRUM. Es un tratamiento capilar que nos ayuda a aportar brillo y a reparar el cabello seco.

✔ SPRAY FIJADOR. Ayuda a fijar el peinado. Podemos encontrar de muchos tipos, dependiendo de la fijación que queramos.

✔ ESPUMA. Es otro producto de fijación, pero aporta varios beneficios, según la espuma que escojamos: volumen, color, definición, etcétera.

✔ SPRAY DE BRILLO. Son productos especiales para dar luz y brillo al cabello. Es recomendable solo aplicarlos de medios a puntas.

✔ PROTECTOR DEL CALOR. Ideal para usar antes de la secadora, las tenazas o la plancha, porque protege el cabello.

UTENSILIOS
PARA EL CABELLO

CEPILLOS

✔ **REDONDOS.** Ideales para dar volumen y moldear cabellos largos y lisos. Además, aportan brillo al cabello.

✔ **PLANOS.** Van fenomenal para desenredar y peinar cabellos fuertes.

✔ **CERDAS NATURALES.** Ayudan a absorber el exceso de grasa en nuestro cabello, estimulan la circulación sanguínea y evitan que el cabello se rompa con la fricción.

✔ **CERDAS DE MADERA.** Son excelentes para evitar el encrespamiento, así como las cerdas naturales.

✔ **CERDAS DE PLÁSTICO.** No son demasiado recomendables porque son propensas a generar electricidad estática.

REDONDOS · PLANOS · CERDAS NATURALES · CERDAS DE MADERA · CERDAS DE PLÁSTICO

PEINES

DIENTES ANCHOS

DIENTES DELGADOS

DIENTES ANCHOS. Son geniales para desenredar el cabello y no romperlo. Lo ideal es utilizarlos cuando el cabello está húmedo. También van estupendamente para peinar cabellos rizados y melenas con volumen.

DIENTES DELGADOS: Van bien para acabar de limpiar el cabello y los posibles enredos más pequeños.

☞ TRUCO

👍 SI TU CABELLO ES MUY FINO, ESCOGE UN CEPILLO O PEINE CON MÁS DENSIDAD DE CERDAS.

👍 SI TU CABELLO ES ABUNDANTE, ELIGE UNO DE CERDAS SEPARADAS. LOGRARÁS PEINARTE MÁS FÁCILMENTE, SIN MALTRATAR TU CABELLO.

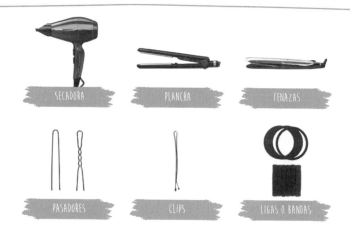

SECADORA

PLANCHA

TENAZAS

PASADORES

CLIPS

LIGAS O BANDAS

⚘REMEDIOS CASEROS ⚘

AGUACATE: contiene muchos nutrientes, vitaminas, minerales y agua, por lo que permite regenerar el cabello seco y nutrirlo.

YOGUR NATURAL: da volumen al cabello, ayuda a desenredarlo y lo acondiciona.

MIEL: es antioxidante y aporta mucha nutrición al cabello seco.

PLÁTANO: es muy rico en potasio y en vitamina A, por lo que aporta mucha hidratación.

ACEITES:

• Aceite de almendras: perfecto para evitar las puntas abiertas e hidratar.

• Aceite de oliva: aporta mucho brillo y lo hidrata en profundidad.

• Aceite de coco: fortalece el cabello y va genial para el cabello estropeado.

• Aceite de jojoba: hidrata el cabello y lo deja brillante y flexible.

LECHE: hidrata el cabello y lo deja liso y suave.

HUEVOS: son ricos en proteínas, por lo que darán grosor a tu cabello, lo fortalecerán y le aportarán mucho brillo y suavidad.

HUEVOS: los ácidos grasos que contienen previenen la caspa del cabello.

ARCILLA BLANCA: purifica en profundidad, y tiene efectos desintoxicantes y antibacterianos.

LIMÓN: limpia muy bien la grasa, fortalece las raíces y elimina la caspa.

POLVOS/TALCO: se pueden utilizar entre lavados como champú en seco, porque aplicados en la raíz del cabello, absorben la grasa. Después de aplicarlos, cepilla muy bien. ¡Además aporta volumen!

NARANJA: tiene propiedades astringentes (cicatrizantes y antiinflamatorias) y que ayudan a mejorar el cabello graso.

ÁLOE VERA: ayuda a disminuir la producción de grasa.

TÉ NEGRO: también es astringente, por lo que es muy bueno para el cabello graso.

PLÁTANO: ayuda a combatir el encrespamiento porque es rico en potasio.

MIEL: los activos que se encuentran en la miel evitan el encrespamiento.

ACEITE DE ARGÁN: es rico en vitamina E y aceites esenciales, por lo que ayuda a reducir el *frizz* o encrespamiento del cabello.

CREMA HIDRATANTE DE MANOS: aplicar un poquito en las manos, frotarlas bien y untar suavemente por el cabello. La crema hidratante crea una película que evita que el cabello se encrespe.

VINAGRE DE MANZANA: es rico en antioxidantes y sustancias antiinflamatorias, y ayuda a eliminar el *frizz*.

CERVEZA: restaura la humectación del cabello y además aporta mucho brillo. Aplica la cerveza unos minutos en tu cabello y luego retírala con agua fría para quitar el olor.

APIO: tiene propiedades antibacterianas que son buenas para eliminar la caspa.

VINAGRE: es rico en potasio y tiene propiedades antisépticas que combaten la caspa.

LIMÓN: es astringente, por lo que ayuda a eliminar la caspa.

BICARBONATO DE SODIO: ideal para eliminar la caspa porque purifica el cuero cabelludo.

VINAGRE DE MANZANA: es bactericida, antiséptico, desinfectante y fungicida, por lo que ayuda a combatir la irritación y la caspa.

REMOLACHA: es antioxidante y contiene mucha vitamina C. Para utilizarla solo tienes que hervir las raíces de una remolacha blanca y el jugo que obtengas aplicarlo por el cuero cabelludo.

CONSEJOS PARA PREPARAR REMEDIOS CASEROS

Puedes mezclar todos los ingredientes que te apetezcan, siempre a partes iguales. Es bueno hacer la mezcla en un cuenco de vidrio y con una cuchara de madera, porque el metal puede quitar las propiedades de los ingredientes.

Deja reposar la mascarilla en el cabello el máximo tiempo que posible. Es recomendable cubrir el pelo con una toalla caliente, papel o cualquier herramienta que dé calor, para que el producto penetre mucho mejor.

Es recomendable utilizar estas mascarillas caseras una vez o dos a la semana. Yo recomiendo que las realices un domingo cuando estés en casa relajada.

¿QUÉ TE FAVORECE?

odas tenemos muy claro que lo que nos favorece a nosotras, a una amiga u otra persona no. Pero a veces tenemos este concepto muy asumido —sobre todo a la hora de vestirnos— y nos confundimos cuando tenemos que escoger el peinado, el color y el corte más adecuado para nosotras. Muchas veces me cuentan que hay chicas que van a la peluquería o a la estética y piden el peinado de la foto de esa famosa, o el color de una cantante en el concierto que dio en tal sitio e incluso las mismas cejas que la actriz que salió en una nueva película. Así que no se confundan, chicas, tienen que aprender a sacarse el mayor partido ustedes mismas, y olvidarse de lo que le queda bien a las demás, porque puede que a ustedes no les favorezca para nada. Así que vamos a ver, en el apartado de cabello, qué es lo que les favorece y lo que no. Aunque ya saben, para gustos los colores, y si una se siente cómoda llevando algo que no es lo más adecuado para su tipo de rostro o por su color de piel, puede hacer lo que le plazca con total libertad.

		PIEL CLARA	PIEL INTERMEDIA	PIEL OSCURA
 OJOS	VERDES	TONOS RUBIOS, ROJIZOS	TONOS ROJIZOS, RUBIOS, CASTAÑOS	TONOS NEGROS, CASTAÑOS
	AZULES / GRISES	TONOS ROJIZOS	TONOS RUBIOS, CASTAÑOS	TONOS NEGROS, CASTAÑOS
	MARRONES / MIEL	TONOS CASTAÑOS, NEGROS	TONOS ROJIZOS, CASTAÑOS	TONOS NEGROS, CASTAÑOS
	MARRÓN OSCURO / NEGROS	TONOS CASTAÑOS	TONOS CAOBA, CASTAÑOS	TONOS NEGROS, CASTAÑOS

CONSEJOS

COLOR NEGRO

Los tonos oscuros no son recomendables para aquellas chicas que tengan alguna mancha, cicatriz, ojeras y bolsas, porque se resaltarán más. Los tonos oscuros tampoco son recomendables para chicas que tengan caspa.

👍 Endurece mucho las facciones, por lo que favorece a chicas jóvenes, que tengan cara de niña o que tengan los rasgos muy compensados y pequeños. Favorece mucho a las chicas de ojos rasgados y pieles con pocas imperfecciones.

⚠ Para dar brillo a un cabello negro se puede conseguir con la aplicación de un tono negro azulado.

COLOR ROJO

Si tu piel tiende a ponerse roja es mejor no utilizar este color. Tampoco es recomendable que lo usen pieles bronceadas con ojos negros.

👍 Este tipo de tonos quedan geniales a las chicas de piel clarita y ojos claros.

COLOR RUBIO

Los tonos rubios suavizan las facciones, atenúan los defectos y nos harán ver más jóvenes.

👍 Los tonos claros son ideales para chicas con el rostro cuadrado o rectangular, porque este tipo de rostros tienen las facciones muy marcadas.

No favorecen nada a las chicas muy morenas porque es muy difícil conseguir un rubio natural. Además, el contraste que se da no es nada bonito. Sin embargo, con la piel un poco doradita y ojos claros sienta fenomenal.

(!) Para obtener un cabello rubio, si lo tenemos oscuro, es preferible que lo aclaremos poco a poco, porque si no lo dañaremos mucho.

A las chicas de piel clarita les quedan mejor los tonos dorados, mientras que si se tiene la piel más bronceada, lo mejor son mechas de colores rubios, miel y castaños claro.

COLOR CASTAÑO

El color castaño no endurece mucho los rasgos, aunque todo dependerá del tono que elijamos: o bien uno más oscuro o bien uno más clarito. Si tu piel es clarita, opta por un tono castaño medio, dos tonos hacia arriba o hacia abajo de tu tono natural.

👍 Al igual que con los tonos rubios, a las chicas de piel clarita les favorecerá un castaño más clarito, mientras que a las chicas de piel más bronceada, mejor un castaño más oscuro. Si tu piel es más cetrina (con matices más amarillos) te sentarán genial los marrones intermedios. Si tu piel es más oscura, puedes utilizar marrones más chocolate.

(!) Si tienes el cabello muy dañado, o es muy poroso, ten en cuenta que puede pasar que el pigmento del tinte que elijas se fije más rápidamente sobre este tipo de pelo, por lo que escoge un tono castaño que no sea muy oscuro.

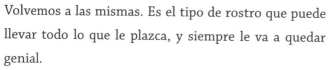

¿QUÉ CORTES DE CABELLO Y PEINADOS TE FAVORECEN?

ROSTRO OVALADO

Volvemos a las mismas. Es el tipo de rostro que puede llevar todo lo que le plazca, y siempre le va a quedar genial.

👍 **LOS PEINADOS QUE MÁS TE FAVORECEN:** Puedes escoger la longitud que quieras y el tipo de corte que desees.

ROSTRO REDONDO Y CUADRADO

A los rostros más bien redonditos y cuadrados les favorecen mucho los mechones largos desfilados dirigidos hacia el rostro y un corte a capas. Si te gustan los flequillos, mejor optar por uno de lateral y con la raya al lado. Debes evitar las melenas muy cortas, los flequillos rectos y el volumen lateral. Los rostros cuadrados deben evitar los cortos simétricos.

👍 **LOS PEINADOS QUE MÁS TE FAVORECEN:** son las coletas altas o recogidos con cardado, para ganar volumen en la parte de arriba. Puedes dejar algún mechón suelto que caiga en los laterales, o incluso algunos mechones de la patilla.

Te favorecerán mucho, también, las coletas y moños bajos, pero que estén deshechos. Evita que sean muy tirantes porque acentuará aún más tu rostro. Lo mejor son recogidos estilo romántico con mechones sueltos.

ROSTRO ALARGADO Y RECTANGULAR

La principal prioridad que tiene este tipo de rostro es intentar acortar la cara.

Por ello, deben evitar llevar el cabello sin volumen, y con eso me refiero a no apostar por lisos estilo japonés. En este caso se puede hacer con un flequillo de lado que llegue hasta las cejas porque les sentará genial, además de aportar un poco de volumen a los lados. Deben evitar los desfilados (o degradados) y los cortes con mucho cuerpo en la parte de arriba. En cuanto a la longitud del cabello, pueden escoger la que más les guste.

👍 LOS PEINADOS QUE MEJOR LE SIENTAN: son las ondas en los laterales y, en general, todo tipo de peinados que resten volumen a la parte de arriba y lo aporten a los lados. Te favorecerán los recogidos desenfadados y algo sueltos de los laterales, para que te aporten volumen, y con algunos mechones sueltos. Los flequillos serán tus mejores aliados.

ROSTRO TRIÁNGULO

A los rostros triángulo, es decir, con la mandíbula más ancha que la frente, les sentarán geniales los flequillos laterales y desfilados bajo la barbilla, que empiecen desde la parte del mentón, para afinarla. Es mejor evitar los flequillos cortos y rectos, y los volúmenes a los lados. También, debes evitar los peinados con las puntas hacia fuera, porque lo único que conseguirás es aportar más volumen en la parte que queremos disimular.

👍 **LOS PEINADOS QUE TE FAVORECEN:** son los recogidos, coletas o moños bajos, con flequillo y algunos mechones sueltos. ¡Te sentarán genial!

ROSTRO TRIÁNGULO INVERTIDO

Las chicas que tengan la frente más ancha que la mandíbula, deberán aportar volumen en la parte inferior de su rostro para quitar protagonismo a la frente. Pueden usar una raya al medio porque quedará bien, con algo de flequillo.

👍 **LOS PEINADOS QUE MÁS TE FAVORECEN:** son aquellos que tienen mucho volumen a la altura de los hombros: unas ondas de medios a puntas, por ejemplo, te van estupendamente. También te favorecen mucho los flequillos marcados y espesos, y los moños tipo bailarina.

ROSTRO HEXAGONAL O DIAMANTE

Les favorecen mucho los flequillos largos laterales con la raya al lado y los desfilados con volumen y no muy densos debajo de la barbilla. A partir de la misma barbilla, le sentarán genial las puntas hacia fuera. Es importante que busquemos volumen en la parte de arriba. Debemos evitar a toda costa los volúmenes en los costados.

Los peinados que mejor te sentarán son muchos: desde coletas muy pegadas a la cabeza y altas, hasta trenzas más hippies.

TAMBIÉN HAY QUE TENER EN CUENTA

NUESTRA COMPLEXIÓN Y EL EFECTO ÓPTICO QUE QUEREMOS CONSEGUIR:

- ✓ ALTA Y DELGADA: si quieres disimular tu estatura, lo mejor es que optes por llevar el cabello largo. Al ser delgadita, puedes optar por peinados con volumen a los laterales para que tu cuerpo no se vea tan delgado.
- ✓ ALTA Y LLENITA: apuesta sobre todo por peinados sin volumen, con el cabello totalmente liso. Una melena larga te estilizará la figura.
- ✓ BAJA Y DELGADA: Las chicas bajitas tienen que evitar llevar el pelo muy largo, porque van a dar aún más sensación de poca estatura. Los cortes de pelo tipo bob van a ser geniales para parecer más alta.
- ✓ BAJA Y LLENITA: Seguimos en las mismas: nada de cabello largo. ¡Mejor optar por medias melenas! Como tu cuerpo ya tiene bastante volumen, apuesta por llevar el cabello bien liso.

Ahora, con toda esta información, se trata de que elabores un esquema mental de todo lo que te favorece y lo que no. Y quizá te preguntes, tengo el rostro redondo pero soy alta y delgada, ¿qué debo hacer: poner volumen en los laterales para disimular que soy delgada, o no aportar volumen a los laterales para corregir mi rostro redondo? Pues bien, se trata de jugar un poco, también, con el maquillaje y la ropa...

¡Y TUS PRIORIDADES!

¿Te molesta que se vea tu rostro redondo? ¿O te molesta más que se te vea flaca? Ya hemos hablado de disimular la delgadez aportando volumen en el cabello, pero también podemos aportar volumen con un tipo de prendas determinadas, como lo veremos más adelante. ¡Así que no te preocupes demasiado! Y sobre todo piensa que si no es algo que se vea a simple vista, a veces no hace ni falta intentar corregirlo.

También nos podemos peinar en función del escote que llevemos. Piensa que hay peinados que lucen muchísimo más que otros, dependiendo del tipo de corte de la prenda.

Si tienes algún acto más formal, toma nota de estos CONSEJOS PARA SER LAS REINAS DE LA FIESTA.

CUELLO ALTO O HALTER

Los escotes muy cerrados y altos quedan fenomenal con recogidos altos, por ejemplo el moño estilo bailarina. Si la prenda no es muy llamativa y no tiene muchos dibujos ni pedrería, puedes optar por un recogido alto algo más despeinado. Pero para este cuello, mejor evitar los volúmenes.

ESCOTE DIANA O CON UN HOMBRO DESCUBIERTO

A este tipo de escote le sientan muy bien los peinados de lado, siempre por el lado cubierto. Un ejemplo sería una trenza muy despeinada, ya sea de espiga o de tres cabos, o bien un recogido bajo, dependiendo del tipo de evento que tengamos.

ESCOTE DRAPEADO

Para este escote lo ideal es usar un recogido, ya sea más alto o más bajo.

ESCOTE PALABRA DE HONOR

A este tipo de escote, con los dos hombros y la espalda al descubierto, le favorecen mucho los recogidos de lado, ya sean moños o semirecogidos más altos o más bajos. Las ondas muy marcadas también quedan fenomenal. Para un *look* más de diario, el pelo suelto con algo de ondas quedará genial.

CUELLO ATADO A LA NUCA

Con esta prenda, queda genial un moño bajo con volumen en la parte de la coronilla.

CUELLO EN PICO

Si quieres dar mucho protagonismo al escote, lo mejor es que elijas recogidos altos y despegados de la cara. Por el contrario, si no quieres que se marque tanto el escote, un cabello suelto y un poco ondulado centrará menos la atención.

CUELLO DE TIRANTES

 Queda genial un recogido muy desenfadado, con alguna trenza deshecha. Eso sí, este tipo de escote no tiene problemas con los peinados, porque la gran mayoría le sientan bien.

CUELLO EN PICO CON MANGA LARGA

Para este tipo de escote quedan genial las ondas bastante marcadas y voluminosas.

ESCOTE CUADRADO

Los recogidos bajos con alguna trenza de adorno quedarán fenomenal.

ESCOTE REDONDO

Quedan fantásticamente bien los recogidos a un lado despeinados y desenfadados.

ESCOTE BARCO

Como deja los hombros descubiertos nos sentará genial una coleta baja a un lado con algo de ondas. Para las que tengan el cuello corto, es mejor un recogido en la coronilla.

TIPOS DE TRENZAS

Ahora vamos a ver los distintos tipos de trenzas que encontramos.

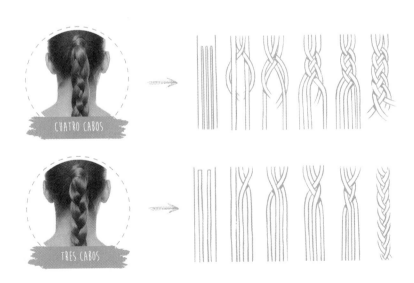

CUATRO CABOS

TRES CABOS

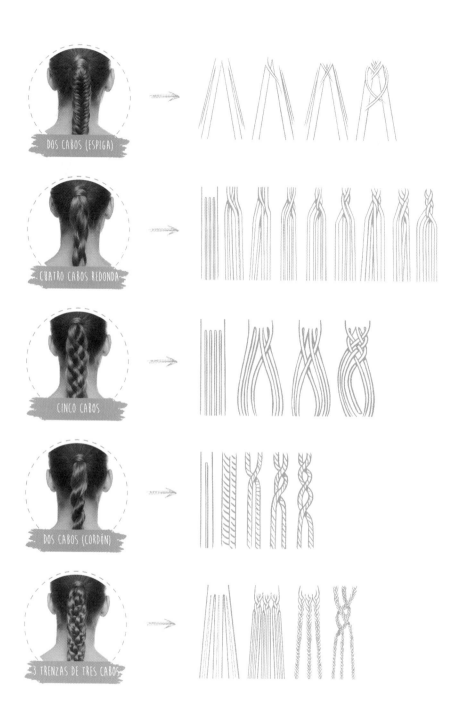

DOS CABOS (ESPIGA)

CUATRO CABOS REDONDA

CINCO CABOS

DOS CABOS (CORDÓN)

3 TRENZAS DE TRES CABOS

Y aquí tienes las mismas, pero de raíz, es decir, recogiendo todo el cabello.

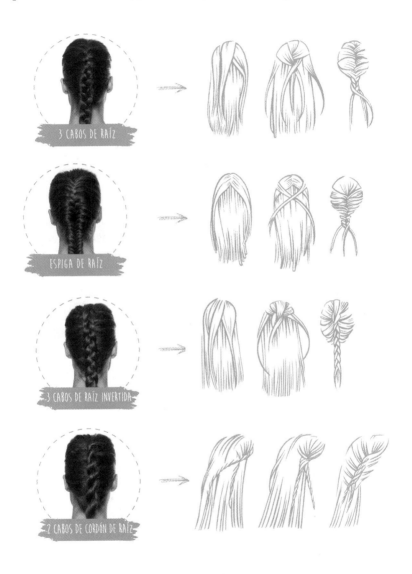

3 CABOS DE RAÍZ

ESPIGA DE RAÍZ

3 CABOS DE RAÍZ INVERTIDA

2 CABOS DE CORDÓN DE RAÍZ

TRENZA DE CASCADA

Si quieres aprender a realizar una trenza muy bonita, distinta e ideal para cualquier ocasión, no te pierdas este paso a paso.

PASO A PASO

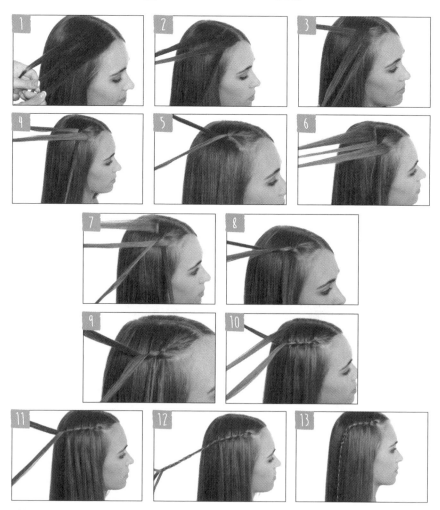

1 Empezamos con un mechón que dividimos en tres mechones más pequeños, y haremos el mismo procedimiento que como si hiciéramos una trenza de raíz normal.

2 Primero cruzamos el mechón más cercano al rostro.

3 Y, seguidamente, cruzamos hacia el otro lado el mechón de más afuera.

4 Volvemos a cruzar el mechón de la parte del rostro.

5 Ahora, cruzamos los otros dos mechones.

6 Volvemos a coger un nuevo mechón de la parte de atrás.

7 Y lo pasamos por encima y por debajo de los otros dos mechones, y lo dejamos suelto. Después, solo tenemos que cruzar los otros dos mechones.

8 Realizamos lo mismo, tomamos un nuevo mechón de la parte de atrás y lo pasamos por encima (para que nos quede en medio) y por debajo (para dejarlo lo más cerca del rostro) de las otras dos secciones de cabello que teníamos. Lo dejamos suelto y volvemos a cruzar los mechones.

9 Vamos haciendo lo mismo con toda la parte del lateral.

10 RECUERDA: tomamos un nuevo mechón que pasa por encima y por debajo de los otros dos mechones que teníamos, y lo dejamos suelto.

11 Finalmente, cruzamos los dos mechones restantes.

12 Tomamos un nuevo mechón y acabamos de trenzar todo el cabello hasta la punta.

13 Colocamos una liga pequeña para sujetarlo todo.

¡Y LISTO!
Ya tenemos nuestra
trenza de cascada lista.

ONDAS

Ahora veremos distintas maneras de hacer ondas sin utilizar ningún tipo de calor. Hay distintos métodos, pero yo te voy a enseñar los más prácticos. Tienes que tener en cuenta que cuanto más tiempo te dejes los peinados mucho mejor, así conseguirás unas ondas más marcadas y duraderas. Y si quieres acelerar el proceso, siempre puedes aplicar calor con la secadora.

OPCIÓN 1

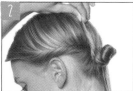

1 Empezamos enrollando todo el cabello de un lado.

2 Y hacemos un moño en la parte de atrás del cabello.

3 Ahora lo único que tenemos que hacer es sujetar el moño con un pasador abierto.

4 Una vez tenemos un lado hecho, vamos a hacer el otro exactamente igual. Enrollamos el cabello del otro lado.

5 Y hacemos otro moño en la parte de atrás, justo al lado del otro.

6 Nos tendría que quedar algo así. Ahora, nos podríamos ir a dormir o bien dejar el peinado así unas horas. Para acelerar el proceso, puedes aplicar un poco de calor con la secadora. Finalmente, quitamos el peinado,

¡ASÍ DE FÁCIL!

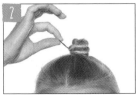

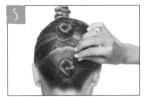

1 Otra opción muy similar a la anterior es hacer tres moños. Tomamos la parte de arriba del cabello, la enrollamos.

2 Y la clavamos con un clip.

3 Hacemos otra partición en la parte del medio, la enrollamos, hacemos un moño.

4 Y lo clavamos con un pasador.

5 Finalmente, hacemos un último moño en la parte de abajo. Nos tendría que quedar algo así. Para conseguir las ondas, podemos irnos a dormir, o bien dejar el peinado unas horas y luego quitarlo todo con cuidado.

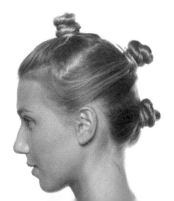

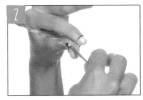

1 En esta opción, lo que hacemos es trenzas en todo el cabello.

2 Las hacemos más pequeñas o más grandes, dependiendo del tamaño que queramos las ondas, y las atamos con una liga pequeña.

3 Vamos haciendo las trenzas por todo el cabello, con paciencia.

4 Y nos tendría que quedar algo así.

5 Ahora, lo que podemos hacer es dejar el peinado unas horas o bien irnos a dormir, y si queremos acelerar el proceso, aplicamos un poco de calor con las planchas.

6 Finalmente, deshacemos las trenzas, ¡Y YA ESTÁ!

¡ESTE ES EL →
RESULTADO! →

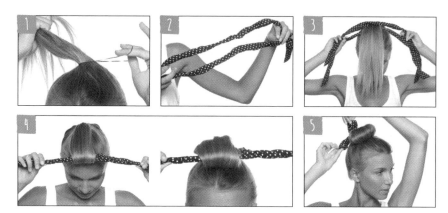

1 Primero hacemos una coleta alta con todo el cabello.

2 A continuación, juntamos dos cintas de alambre.

3 Y pasamos el cabello por dentro. Vamos a llevar las dos cintas hasta el extremo del cabello.

4 Y enrollamos, poco a poco...

5 Hasta conseguir un moño. Es importante que al finalizar el moño hagamos un pequeño nudo para que se sujete bien. Si quieres menos ondas, debes enrollar el cabello de forma más suave. Lo dejamos unas horas, y después lo deshacemos.

¡ASÍ DE FÁCIL!

1. Nos colocamos una cinta elástica alrededor de la cabeza.

2. Vamos enrollando los mechones por dentro. Empezamos por un lado.

3. Y seguimos una misma dirección, hasta terminar de enrollar todos los mechones en la cinta.

4. Como ves, también lo podríamos dejar como peinado, porque queda un peinado romántico muy bonito.

¡Y YA LO TENEMOS!

AL QUITARLO NOS QUEDARÁN ESTAS ONDAS DE AQUÍ.

ONDAS SUAVES

Si quieres unas ondas naturales y desenfadadas, aquí veremos cómo hacerlas. ¡No es para nada complicado!

PASO A PASO

1. En primer lugar debemos hacer varias particiones en el cabello. Empezaremos por la parte de abajo y, tomando mechones pequeñitos, colocaremos la plancha en plano, hacemos medio giro hacia dentro (la plancha nos tiene que volver a quedar plana), pasamos el mechón hacia atrás hasta que nos quede por debajo, y giramos la plancha otra vez hacia dentro hasta que nos vuelva a quedar en plano. Lo único que falta es deslizar la plancha hacia abajo.

2. Tomamos más cabello y hacemos lo mismo en cada mechón. Haremos que las ondas del lado derecho miren hacia el izquierdo, y las del lado izquierdo vayan hacia el lado derecho.

3. Hacemos lo mismo por el frente, pero con la plancha un poco en horizontal y realizando el giro hacia fuera, para que las ondas nos queden despegadas del rostro.

4. Para aportar volumen en la raíz y que las ondas nos queden en el otro sentido, repetimos el movimiento, pero en lugar de dar medio giro hacia la cabeza, lo haremos deslizando la plancha hacia fuera. Luego, hay que pasar el cabello por arriba y acabar de dar el giro, para después deslizar lentamente la plancha.

5. Una vez terminadas todas las ondas, nos ponemos un poco de sérum en las manos.

6. Y lo aplicamos por todas las puntas, para aportarles brillo.

7. Si queremos que las ondas nos aguanten más, podemos enrollarlas.

8. Poner el enrollado en plano.

9. Y sujetar con prendedores para que se enfríen con la forma.

10. Después, solo nos quedará retirarlas y aplicar un poco de laca.

Y LISTO
Ya tenemos nuestras ondas desenfadadas y naturales.

ONDAS AL AGUA U ONDAS DE SIRENA

Ahora veremos cómo realizar unas ondas al agua (también llamadas "ondas de sirena"). Son muy elegantes y, aunque no lo creas, fáciles de realizar. La práctica y la paciencia son las claves. ¡Allá vamos!

PASO A PASO

1 Para realizar estas ondas tan bonitas solo tienes que hacer secciones de tu cabello y, con una tenaza, enrollar los mechones.

2 Para que te queden bien, debes hacer todas las ondas hacia el mismo sentido. Es decir, enrolla el cabello siempre en la misma dirección.

3 Con paciencia, tomas mechones finitos de cada partición y los vas enrollando.

4 Si por la parte de atrás te cuesta, pide ayuda a una amiga o a tu madre.

5 Una vez que está todo el cabello rizado, tomamos un poco de sérum.

6 Y lo aplicamos de medios a puntas con los dedos abiertos para aportar brillo.

7 Si quieres, puedes aplicar también un poquito de laca.

8 Puedes dejarlo así.

9 O bien, con un peine o cepillo, puedes peinar las ondas para juntarlas. Es importante que las peines siguiendo un poco la forma de S.

10 Y para que nos quede la forma marcada, podemos colocar prendedores de pelo entre medio, para que los mechones se junten y adquieran bien la forma.

11 Con los prendedores puestos, nos aplicamos laca y esperamos un rato. Cuando más tiempo esperes, mejor.

12 Ahora solo resta quitar todas las pinzas con cuidado.

¡ASÍ DE FÁCIL!

Ya tenemos nuestras ondas elegantes listas para cualquier ocasión especial.

TIPOS DE ONDAS

Para conseguir distintos tipos de ondas, podemos utilizar una tenaza o bien la plancha.

Puedes utilizar la tenaza en vertical o en horizontal, dependiendo del efecto que quieras conseguir. Si colocas la tenaza en vertical, obtendrás tirabuzones. Por otro lado, si colocas la tenaza en horizontal, conseguirás ondas.

También, dependiendo de cómo enrolles el cabello en la tenaza, conseguirás un efecto u otro.

CONSEGUIRÁS ESTE EFECTO SI EL MECHÓN ESTÁ ENROLLADO.

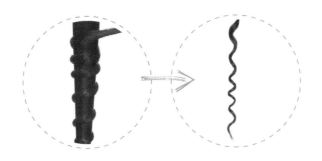

SI ENROLLAS EL MECHÓN PRIMERO PLANO Y, DESPUÉS,
MÁS RETORCIDO, CONSEGUIRÁS ESTE EFECTO.

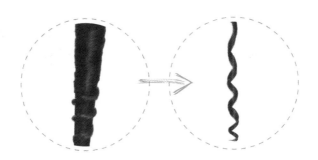

SI ENROLLAS EL MECHÓN TOTALMENTE PLANO,
ESTE SERÁ EL TIPO DE ONDA QUE VAS A CONSEGUIR.

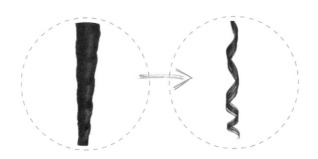

También puedes conseguir ondas con la plancha. Al igual que con las tenazas, puedes usar la plancha en horizontal o en vertical. Si la usas en horizontal, conseguirás un rizo más definido. Por el contrario, si la usas en vertical, las ondas serán más suaves.

¡A PRACTICAR!

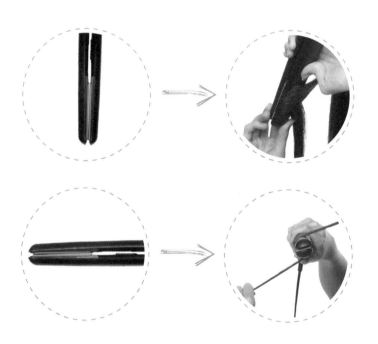

UN CUARTO DE GIRO
HACIA ARRIBA PARA CONSEGUIR
UNA ONDA MUY SUAVE.

UN CUARTO DE GIRO HACIA ABAJO
PARA CONSEGUIR UNA ONDA MUY
SUAVE PERO CON VOLUMEN EN LA RAÍZ.

MEDIO GIRO HACIA
ARRIBA PARA CONSEGUIR
UNA ONDA SUAVE.

MEDIO GIRO HACIA ABAJO PARA
CONSEGUIR UNA ONDA SUAVE PERO
CON VOLUMEN EN LA RAÍZ.

GIRO COMPLETO HACIA
ARRIBA PARA CONSEGUIR
UNA ONDA MARCADA.

GIRO COMPLETO HACIA ABAJO PARA
CONSEGUIR UNA ONDA MARCADA
PERO CON VOLUMEN EN LA RAÍZ.

PEINADOS

RECOGIDOS FÁCILES

Aquí tienes tres opciones de recogidos fáciles muy elegantes, sencillos y atractivos.

¡ESPERO QUE TE SIRVAN DE AYUDA
Y QUE LOS PONGAS EN PRÁCTICA!

OPCIÓN 1

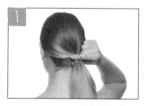

 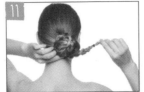 

1 Empezamos realizando una coleta baja. La puedes hacer justo en medio o a un lado, dependiendo de dónde quieras el chongo.

2 Y la atamos con una dona pequeña.

3 Ahora, tomamos un mechón y hacemos una trenza de tres cabos.

4 Y trenzamos hasta el final.

5 Tomamos el mechón del medio con una mano y los otros dos con la otra.

6 Sujetamos hacia abajo el mechón restante y subimos los otros dos.

7 Con una dona pequeña, atamos la trenza.

8 Ahora, solo tenemos que pellizcar un poquito la trenza para dejarla más abierta.

9 Nos tendría que quedar algo así.

10 Vamos a enrollar una de las trenzas para tapar la liga.

11 Colocamos las otras en distintas posiciones formando un chongo.

12 Clavamos unos cuantos clips para sujetarlo todo bien.

Y YA TENEMOS EL CHONGO.

RECUERDA

Es importante que los prendedores sean del mismo tono que tu pelo.

OPCIÓN 2

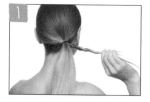

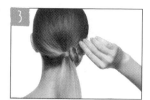

1   Con la misma coleta a un lado, vamos a enrollar un mechón finito.

2   Y mientras con una mano lo sujetamos, con la otra lo subimos, de manera que nos va a quedar algo muy despeinado.

3   Ahora, lo único que tenemos que hacer es sujetarlo con un pasador.

4   Repetimos lo mismo con todo el cabello. Hay que asegurarse de colocarlos bien, sin dejar agujeros.

5   Y sujetarlos con pasadores abiertos.

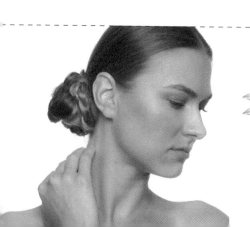

¡Y YA LO TENEMOS!
ESTE ES EL RESULTADO

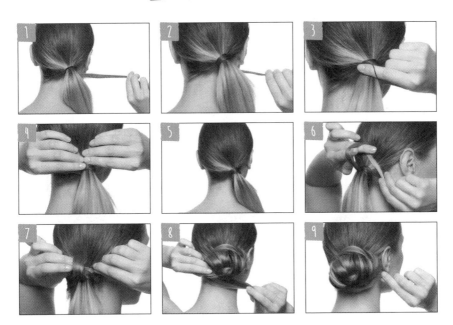

1   En esta última opción se trata de hacer una coleta con una liga pequeña.

2   Enrollaremos un mechón finito alrededor de la liga para taparla.

3   Y lo sujetaremos con otra liga pequeña.

4   Colocamos bien la coleta.

5   Lo podríamos dejar así.

6   Podemos tomar mechones de la coleta y hacer bucles con cada uno.

7   Lo sujetamos con pasadores del mismo tono de nuestro cabello.

8   Vamos haciendo bucles con todos los mechones.

9   Los sujetamos con pasadores.

¡Y LISTO!
Ya tenemos nuestro
chongo hecho.

CHONGOS ELEGANTES FÁCILES

Tres opciones superfáciles para realizar chongos elegantes y bonitos en tan solo un momento.

OPCIÓN 1

1 Empezaremos por hacer una coleta con una liga, pero no la apretaremos mucho.

2 Ahora, abrimos la coleta.

3 Y pasamos todo el cabello de la coleta por dentro.

4 Nos tendría que quedar algo así.

5 A continuación, atamos la coleta por la punta con una liga pequeña.

6 Si quieres, puedes poner una liga un poquito más arriba para controlar mejor el cabello.

7 Subimos el cabello y lo colocamos por dentro de la coleta, entrando las puntas.

8 Ahora, solo faltará colocar algunos pasadores de chongo para sujetarlo.

¡Y YA ESTÁ!
Nuestro chongo, así de fácil.

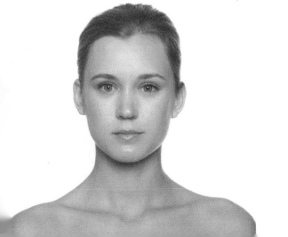

OPCIÓN 2

1 Para esta segunda opción empezamos sujetando el cabello por las puntas con una liga pequeña.

2 Ahora, separamos la coleta en dos partes iguales.

3 Hay que ir enrollando los dos mechones entre sí.

4 Hasta que nos vayan quedando unos enrollados bien apretados con todo el cabello.

5 Cuando todo está bien enrollado, nos quedará algo así, y lo único que tenemos que hacer es colocar algunos pasadores.

¡Y YA LO TENEMOS!

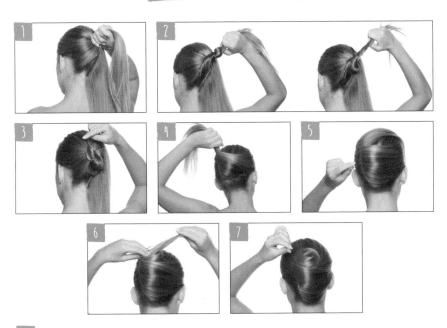

1 Para esta última opción, tomamos el cabello de un lado.

2 Lo enrollamos un poco hacia dentro hasta hacer un chongo.

3 Una vez enrollado, lo sujetamos con un pasador. ¡Y ya tenemos nuestro relleno para hacer el chongo!

4 Ahora, pasamos el cabello que nos queda suelto hacia el otro lado, cubriendo el relleno que hemos hecho.

5 Lo sujetamos a un lado bien ajustado para que no se mueva.

6 Cuando quede todo bien apretado, colocamos las puntas por encima.

7 Las sujetamos con algunos pasadores.

¡Y ya tenemos nuestro chongo elegante listo!

PEINADO CON NUDOS

Ahora veamos cómo realizar un peinado muy fácil para diario con nudos.

¡QUEDA MUY ATRACTIVO Y NO ES NADA DIFÍCIL!

OPCIÓN 1

1 Empezamos tomando dos mechones de la parte de delante.

2 Una vez separados, los cruzamos haciendo un nudo.

3 Apretamos bien.

4 A continuación, añadimos un mechón a cada uno de los mechones con los que hemos hecho el nudo.

5 Y volvemos a cruzarlos para obtener un nuevo nudo.

6 Repetimos: tomamos dos nuevos mechones, los añadimos y volvemos a hacer un nudo.

7 Cuando tenemos todos los nudos que queremos, tomamos una liga pequeña y los atamos.

¡Y LISTO!
Ya tenemos nuestro peinado
con nudos para diario.

1 Otra opción es tomar dos mechones y hacer un nudo normal.

2 A continuación, añadimos un mechón a cada uno de los mechones con los que hemos hecho el nudo.

3 Y los cruzamos por fuera. De esta manera conseguirás que los nudos sobresalgan.

4 Hacemos cuantos nudos queramos y los atamos con una liga.

¡ASÍ DE FÁCIL!

COLETAS FÁCILES 1

Si te gusta llevar coletas y quieres variarlas, aquí te dejo algunas ideas muy fáciles y atractivas para que tus coletas se vean diferentes.

OPCIÓN 1

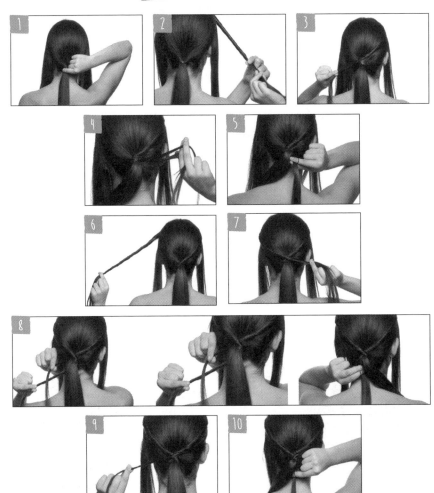

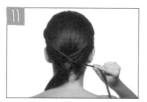 

1 Empezamos separando una sección de pelo de los laterales, y hacemos una coleta con la parte de atrás.

2 A continuación, tomamos un mechón de una de las secciones laterales y lo enrollamos.

3 Una vez enrollado, lo pasamos hacia el otro lado.

4 Tomamos uno de los mechones de la parte de debajo de la coleta.

5 Los juntamos y los enganchamos con una liga pequeña.

6 Ahora, hacemos lo mismo con el otro lado: tomamos un mechón y lo enrollamos.

7 Lo pasamos hacia el otro lado.

8 Lo enganchamos con un mechón de la parte de debajo de la coleta.

9 A continuación, hacemos lo mismo que al principio: tomamos el mechón del lateral que nos queda, lo enrollamos y lo pasamos hacia el otro lado.

10 Para después sujetarlo, con una liga, con otro mechón de la parte de debajo de la coleta.

11 Ahora, solo nos queda realizar lo mismo con el último mechón del otro lado: lo enrollamos, lo pasamos al otro lado.

12 Lo juntamos con un mechón de la parte de debajo de la coleta, y los sujetamos con una liga.

¡Y ya tenemos la primera opción!

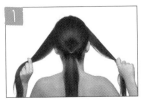

1 Para esta segunda opción, separaremos una sección de los laterales, y haremos una coleta con la parte de atrás.

2 Una vez separados, haremos un nudo por la parte de arriba de la coleta y lo apretaremos bien.

3 Después de hacer el primer nudo, haremos un segundo nudo, y también lo apretaremos fuerte.

4 Una vez hechos, los sujetaremos con una liga pequeña, y dejaremos los mechones del nudo por debajo de la coleta.

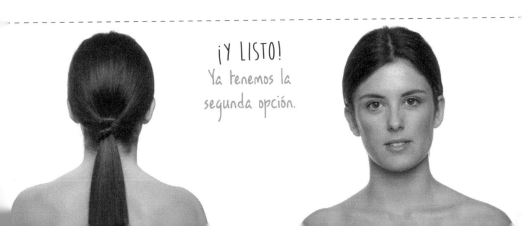

¡Y LISTO!
Ya tenemos la
segunda opción.

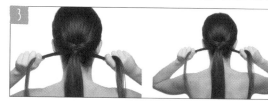

1 Para esta última opción, haremos lo mismo que en las otras dos: separaremos los laterales y haremos una coleta con la parte de atrás. Lo que tenemos que hacer es una trenza de espiga con los dos mechones de los laterales: tomamos una sección pequeña de un lado, y la pasamos hacia el otro. Y haremos lo mismo con el otro lado.

2 Vamos pasando mechones de un lado a otro hasta que nos quede algo así.

3 Continuamos hasta cubrir la liga.

4 Pasamos los dos mechones de la trenza por la parte de abajo y los tomamos con una liga pequeña por la parte de debajo de la coleta.

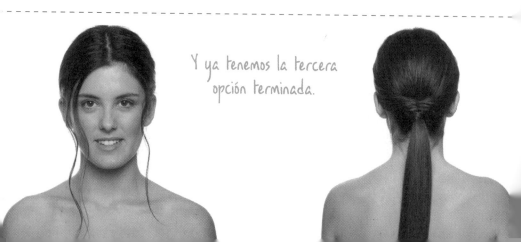

Y ya tenemos la tercera opción terminada.

COLETAS FÁCILES II

Y aquí veremos algunas ideas más para hacer coletas de una manera fácil. ¡Ya verás que quedan superbonitas!

OPCIÓN 1

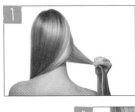

1. Empezamos separando un mechón de un lado del cabello.

2. Hacemos una trenza de tres cabos normal.

3. Acabamos de trenzar hasta la punta y la sujetamos con una liga pequeña.

4. A continuación, con el resto del cabello, hacemos una coleta, tomándolo también con una liga pequeña.

5. Ahora tenemos que ir enrollando la trenza alrededor de la coleta y por la parte de arriba.

6. Hacemos tantas vueltas como sean necesarias.

7. Cuando hemos completado las vueltas, tomamos un pequeño mechón de la coleta y atamos la trenza con una liga pequeña.

Queda superbonita
y muy romántica.

OPCIÓN 2

1 Para la segunda opción, dividimos el cabello en dos particiones a un lado.

2 A continuación, con los dos mechones, hacemos un nudo,

3 Y lo sujetamos con una liga pequeña, a ras del nudo.

Una opción muy fácil y que queda muy bonita.

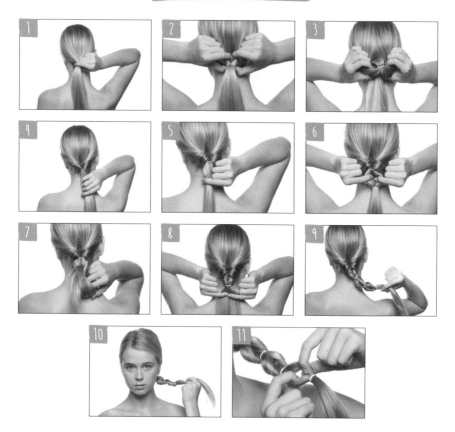

1 Para realizar la última opción, empezamos recogiendo todo el cabello atrás con una liga pequeña.

2 Abrimos la coleta.

3 Y la pasamos por dentro.

4 Hasta que nos quede algo así.

5 Una vez pasada, colocamos otra liga un poco más abajo.

6 Abrimos otra vez el cabello.

7 Para pasar nuevamente la coleta.

8 Apretamos un poquito.

9 Y vamos haciendo lo mismo a lo largo de la coleta.

10 Hasta que consigas un peinado como este.

11 Cuando lleguemos al final, hacemos la última pasada.

CONSEJO

Recuerda que si tienes el cabello oscuro tienes que hacerlo con ligas del

color de tu cabello. Si por lo contrario lo tienes rubio,

es mejor que utilices ligas transparentes o blancas.

¡ASÍ DE FÁCIL!

RECOGIDO ROMÁNTICO

Si algún día tienes un plan especial y no sabes cómo peinarte, aquí te dejo dos opciones de recogidos románticos muy bonitos.

OPCIÓN 1

Con trenza de cordón

1 Empezamos nuestro recogido romántico separando los laterales y tomando el cabello de la parte de atrás con una liga pequeña.

2 Ahora, enrollamos un poco el cabello haciendo un pequeño chongo.

3 Lo sujetamos con pasadores.

4 Ahora, empezaremos a hacer una trenza de cordón con una de las secciones de la parte de adelante.

5 Simplemente tenemos que dividir el cabello en dos mechones, girarlos entre sí en sentido contrario e ir cruzándolos hasta llegar a la punta.

6 Sujetamos la trenza con una liga, y lo mismo en el otro lado.

7 Una vez tenemos las dos trenzas de cordón, las cruzamos por la parte de atrás.

8 Las juntamos por debajo de la coleta y las sujetamos con una liga pequeña.

9 Podríamos dejarlo así, pues queda muy bonito.

10 O bien realizar otra trenza de cordón en la coleta.

11 Se sujeta con una liga.

12 Y la enrollamos haciendo un chongo que sujetamos con pasadores.

¡Y LISTO!

Ya tenemos nuestro primer
recogido romántico.

OPCIÓN 2

Con trenza de 3 cabos

1 Para la segunda opción, en lugar de hacer una trenza de cordón, haremos una trenza de raíz.

2 Trenzamos todo el mechón del lateral.

3 Hasta llegar a la punta. Y lo sujetamos con una liga pequeña.

4 Hacemos lo mismo con el otro lado y los cruzamos por la parte de atrás.

5 Una vez cruzados, los pasamos por debajo de la coleta.

6 Los sujetamos con una liga pequeña.

7 Lo podríamos dejar así, pues queda muy bonito.

8 O bien hacer como en la anterior opción y trenzar toda la coleta con una trenza de 3 cabos normal, sujetada con una liga.

9 La enrollamos en un chongo y sujetamos con pasadores.

¡Y YA LO TENEMOS!
Nuestro segundo recogido romántico listo.

PEINADO FÁCIL CON TRENZAS

Y ahora veamos cómo realizar un peinado muy bonito y fácil de hacer para el día a día.

PASO A PASO

1 Tomamos un mechón de la parte de delante y lo dividimos en tres cabos para hacer una trenza normal.

2 Vamos trenzando, poco a poco, hasta la punta.

3 Al llegar al final, la sujetamos con una liga pequeña.

4 A continuación, tomamos un mechón finito de más atrás.

5 Lo juntamos con la trenza y los tomamos con una liga pequeña, para que nuestra trenza inicial quede pegada.

6 ¡Y listo! Podríamos dejarlo así.

7 O bien podemos tomar un mechón de adelante.

8 Y juntarlo con la trenza en la parte de atrás.

9 Los sujetamos con una liga pequeña, ¡y listo!

10 Aunque si quieres que te quede más bonito todavía, puedes realizar una trenza con un nuevo mechón de la parte de delante

11 La sujetamos con una liga.

12 Las colocamos atrás, las sujetamos, y las pasamos por dentro del mechón que hemos utilizado para sujetar nuestra primera trenza.

¡Y LISTO!

OPCIÓN 2

1 Si quieres, puedes tomar un mechón pequeñito del lado opuesto de la última trenza que hemos realizado.

2 Porque lo podemos utilizar para sujetar mejor la trenza, igual como hemos hecho antes. Y así nos da un aire distinto al peinado.

¡Y YA ESTÁ!

Aquí tenemos otra opción
muy bonita, también.

SEMIRRECOGIDOS FÁCILES

Encuentro que este semirrecogido es muy fácil de hacer y queda muy bonito, sobre todo en cabellos largos. Vamos a ver tres opciones para que elijas la que mejor te va.

OPCIÓN 1

1. Tomamos un mechón de los laterales,
2. Y hacemos un nudo en la parte de atrás.
3. Seguidamente, hacemos otro nudo, intentando que no se nos escapen los mechones,
4. Y apretamos bien. Colocamos una liga a ras de los dos nudos.

¡ASÍ DE FÁCIL!
Ya tenemos la primera opción.

1 Empezamos con un mechón de cada lateral del cabello.

2 Los atamos atrás con una liga pequeña.

3 A continuación, doblamos el cabello hasta que nos quede una especie de chongo, y lo sujetamos con una liga pequeña.

4 Lo único que nos falta es separar este chongo en dos y sujetar cada parte con una pinza.

5 Para poder tomar un mechón de la coleta.

6 Y pasarlo por encima del lazo para tapar la liga.

7 Lo sujetamos con un prendedor de chongo y quitamos las pinzas.

Y LISTO,

aquí tenemos nuestro lazo.

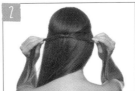

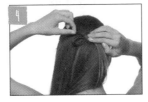

1 Para la tercera opción haremos lo mismo que en la anterior, pero esta vez los mechones de los laterales serán mucho más finitos.

2 En lugar de atarlos con una liga, hacemos un nudo.

3 Hacemos el lazo, como si estuviéramos haciendo un nudo para atar los zapatos.

4 Atamos el lazo con un pasador.

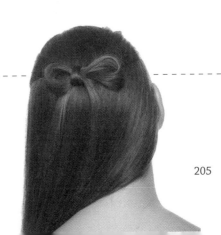

Esta es la tercera opción.

205

RECOGIDOS ELEGANTES FÁCILES

Y si algún día tienes una ocasión más especial, siempre puedes utilizar estos moños elegantes superfáciles.

¡PARECEN MUY COMPLICADOS PERO NO LO SON!

OPCIÓN 1

1 Primero nos hacemos una coleta bastante alta y tirante.

2 Tomamos una dona para el cabello.

3 Y la pasamos por dentro de la coleta.

4 La dona debería ser más o menos del mismo tono que nuestro pelo. Tomamos un mechón de cabello y lo enrollamos.

5 Una vez enrollado, con una mano tomamos un mechón muy finito por la punta y, con la otra, subimos el resto del cabello.

6 Los sujetamos tapando la dona con un prendedor de chongo.

7 Iremos haciendo lo mismo con todos los mechones: los enrollamos.

8 Los subimos para dejarlo desenfadados.

9 Y los sujetamos donde creamos conveniente con un pasador.

¡Y ya tenemos nuestro recogido elegante Fácil!

OPCIÓN 2

1 Otra posibilidad es tomar un mechón, hacer una trenza.

2 La sujetamos con una liga pequeña.

3 Solo tenemos que hacer lo mismo con toda la coleta.

4 Ahora colocamos todas las trenzas alrededor de la dona.

¡Y YA LO TENEMOS!
Así nos quedará el recogido.

1. Otra opción muy fácil es hacer lo mismo pero con trenzas de espiga.

2. Para dejar un acabado más despeinado, lo que a mí me gusta hacer es pellizcar la trenza.

3. Hasta dejarla más abierta.

4. Así, solo la tendremos que ir colocando alrededor de la dona, tapándola.

¡Y LISTO!
Así de Fácil.

PEINADOS CON TRENZAS DE CORDÓN

Aquí les presento un peinado con trenzas de cordón. Veremos tres opciones de acabado, para que elijan la que más les guste. Recomiendo que si no les sale la trenza de cordón, practiquen antes con un mechón de cabello, porque en este peinado la hacemos de raíz y es un poquito más compleja. ¡Con práctica todo se puede hacer!

OPCIÓN 1

1   Empezamos con dos mechones no muy finitos de la parte de delante del cabello.

2   Enrollamos hacia dentro el mechón que nos queda más hacia el rostro.

3   Lo cruzamos.

4   Y añadimos cabello en el otro mechón.

5   Una vez añadido, los enrollamos juntos hacia dentro de manera que nos quede un mismo mechón, y lo cruzamos con el otro.

6   De nuevo, volvemos a añadir cabello con el mechón que tenemos abajo.

7   Los enrollamos juntos hasta conseguir un solo mechón.

8   Y los cruzamos con el mechón de arriba.

9   Si observas, solo añadimos cabello cuando tenemos que cruzar el mechón de abajo. Con el mechón de arriba, no añadimos cabello.

10   Vamos cruzando y añadiendo mechones manteniendo el cabello enrollado.

11   Y cuando lleguemos a la altura que queramos, vamos a enrollar los dos mechones haciendo una trenza de cordón normal sin añadir cabello.

12   Sujetamos todo con una liga pequeña.

¡Y LISTO!
Ya tenemos nuestro
primer peinado
con trenza de cordón.

1 Si queremos, también podemos ir añadiendo la trenza de raíz, incorporando mechones solo de la parte de abajo.

2 Después, trenzar en diagonal hasta que lleguemos al otro lado.

3 Una vez lleguemos, podemos seguir haciendo una trenza de cordón normal, hasta la punta, enrollando los mechones hacia el mismo sentido para que nos quede este efecto.

4 Sujetamos la trenza con una liga pequeña.

¡ASÍ DE FÁCIL!
Ya tenemos nuestra segunda opción de peinado.

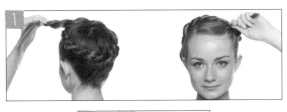

1 Puedes dejar la trenza suelta, o bien enrollarla por la parte de arriba.

2 La acomodas bien con el inicio de la trenza para que quede todo de una pieza.

Y aquí tenemos nuestra tercera opción.

UÑAS

❧ CUIDADO DE LAS UÑAS ❧

𝓛 a forma de tus uñas dice mucho de ti. Podemos llevar nuestras uñas limadas de muchas maneras, pero todo dependerá de cómo nos gusten y del tiempo que tengamos para cuidarlas. Podemos limarlas de forma más redonda, más cuadrada, ovalada o en punta.

REDONDA
ELEGANTE Y FEMENINA

CUADRADA
FÁCIL Y CLÁSICA

OVALADA
MODERNA Y CÓMODA

EN PUNTA
DIFERENTE Y ORIGINAL

LAS UÑAS REDONDAS son las más fáciles de conseguir, porque se trata únicamente de limar la parte del centro con la lima en horizontal y luego incidir en los bordes, hasta conseguir una curva perfecta.

CONSEJO

Si tienes las manos pequeñas,
apuesta por esta forma, porque dará sensación de que tienes los dedos más largos y además te darán un toque muy femenino.

LAS UÑAS CUADRADAS se consiguen igual que las redondas, pero sin incidir en los bordes. Solo tenemos que poner la lima en horizontal e ir de un lado hacia el otro. Son más difíciles de cuidar, porque al tener el borde sobresaliente se rompen más.

CONSEJO

Si tienes los dedos anchos,
es mejor no usar esta forma de uñas porque visualmente tus dedos lo parecerán más.

LAS UÑAS OVALADAS son una mezcla entre las cuadradas y las redondas. Tienen una longitud similar a las uñas cuadradas pero con los bordes redondeados.

LAS UÑAS EN PUNTA son una forma muy peculiar de llevar las uñas, y quizá la menos natural. Son difíciles de cuidar, porque al terminar en punta se rompen muy fácilmente, incluso más que las cuadradas.

💬 TRUCO

LAS UÑAS EN PUNTA ESTILIZAN MUCHÍSIMO LOS DEDOS.

Para conseguir unas uñas sanas y fuertes, es necesario que las cuidemos adecuadamente, con los productos que necesiten. Si se te rompen a menudo, las tienes escamadas o amarillas, no te preocupes, en el siguiente apartado vamos a descubrir cuál es el problema que tienes y cómo solucionarlo de una manera eficaz, porque al igual que encontramos diferentes tipos de piel y de cabello, también existen distintos tipos de uñas.

UÑAS SECAS

Si te falta brillo en las uñas, se cuartean a menudo y el borde blanco se descama, es que tienes las uñas secas. La sequedad de las uñas suele suceder por usar productos agresivos sin protección, como detergentes o lejías. Si a esto además le sumamos el uso de quitaesmaltes sin una base protectora, o bien la utilización uñas de gel o porcelana, la situación empeora.

Tener las uñas secas significa que les falta aceite, y no agua. Para solventar este problema, solo tenemos que sumergir, tanto las uñas como las cutículas, en aceites calientes naturales (como aceite de oliva, aceite de jojoba, aceite de coco, etcétera) para que pierdan menos agua. Aparte, siempre se debe usar guantes para tratar con detergentes, beber mucha agua y aplicar un protector de uñas antes de pintarlas con un esmalte.

UÑAS QUEBRADIZAS

Las uñas quebradizas tienden a ser más gruesas y duras de lo normal. Las reconoceremos fácilmente porque tienen una textura más bien áspera. Además, por su falta de flexibilidad se quiebran a menudo. Eso sí, suelen ser largas de por sí, pero crecen curvadas y en ángulos extraños. Este tipo de uñas son así por el uso de sustancias químicas fuertes (quitaesmalte, por ejemplo) y por el uso excesivo de endurecedores.

Para cuidar nuestras uñas en caso de que las tengamos quebradizas, tenemos que usar productos a base de agua y aceite, y también usar protectores para que las uñas no se resequen y queden duras a causa de la pérdida de humedad. También puedes usar esmaltes de vitaminas, especialmente la C, la D y la E, porque ayudan a prevenir su endurecimiento y que se vuelvan amarillas.

💬 TRUCO

SI TUS UÑAS ESTÁN AMARILLAS POR EL TABACO, LOS TINTES O POR USAR ESMALTES SIN BASE DE PROTECCIÓN, SUMÉRGELAS EN UN RECIPIENTE CON LIMÓN, ACEITE DE ALMENDRAS O DE OLIVA Y BICARBONATO. ¡EN UNOS DÍAS ESTARÁN COMO NUEVAS!

UÑAS DESHIDRATADAS

Se llaman deshidratadas porque tienen carencia de agua, y no de aceite. Se caracterizan por tener un mal aspecto, y son más débiles y delgadas que las secas.

La principal causa de deshidratación es la edad, aunque también puede que tengamos una mala circulación sanguínea en las manos (hereditaria o no), por lo que nuestras uñas pueden estar más amarillentas o azuladas.

Para combatir las uñas deshidratadas es importante que usemos esmalte de vitamina B, porque las fortalece. También nos irán de maravilla los esmaltes de calcio, o bien tomar píldoras de calcio para fortalecer nuestras uñas.

10 PASOS PARA UNA
MANICURA PERFECTA

*C*uando nos arreglamos las uñas, muchas veces no tenemos en cuenta pasos que son superimportantes para conseguir un buen acabado. Así que veremos todo lo que hay que saber para hacer una manicura como las profesionales. Es tan sencillo que la puedes hacer tu misma, y luego a tu madre, amigas, primas... Yo recomiendo que te hagas la manicura y la pedicura una vez al mes.

¡VAMOS!

¿QUÉ NECESITAMOS?

| QUITAESMALTE | ALMOHADILLAS DE ALGODÓN | CORTAUÑAS | CREMA HIDRATANTE DE MANOS |

QUITACUTÍCULAS O MATACUTÍCULAS

CORTACUTÍCULAS

RECIPIENTE CON AGUA TIBIA

PALITO DE NARANJO

LIMA PARA LAS UÑAS

ESMALTE DE UÑAS DEL COLOR QUE QUERAMOS

ESMALTE TRANSPARENTE

1 Es muy importante que nos limpiemos las uñas con un poco de quitaesmalte empapado en una almohadilla de algodón. Así quitaremos la pintura que tengamos, o posibles restos de esmalte. Lo único que tenemos que hacer es frotar la uña con el algodón, trazando círculos y arrastrando hacia fuera. Yo recomiendo que aunque no las llevemos pintadas, pasemos ese algodón con un poco de acetona, para dejarlas bien limpias.

2 Una vez hemos despintadas todas las uñas, tendremos que darles la forma que queremos, primero con un cortaúñas y después con una lima. Como ya he comentado, las podemos dejar cuadradas, redondas, ovaladas o en punta. A mí me gusta dejarlas más bien cuadradas u ovaladas, pero eso ya es al gusto personal de cada una.

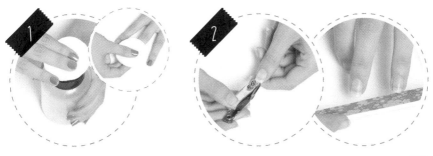

3 Ahora pasaremos a masajear las cutículas con un poco de crema hidratante. Lo que normalmente se hace es poner un poco en el dorso de la mano y, a partir de aquí, tomar un poquito y masajear las cutículas de forma circular, uña por uña. Esto las va a dejar blandas, y va a hacer que, posteriormente, se retiren mejor. La crema hidratante que nos quede en el dorso de la mano, la extenderemos por toda la zona.

4 Una vez dado este paso, dejaremos las manos en el recipiente con agua tibia durante unos minutos para que las cutículas se ablanden todavía más.

5 Pasados unos 3-5 minutos, retiramos las manos del recipiente con agua tibia, las secamos bien y, con un palito de naranjo y un poco de algodón, empujamos todas las pieles hacia el inicio de la uña, es decir, hacia atrás. Con este paso conseguiremos tener una uña más despejada.

6 A continuación aplicamos el quitacutículas o matacutículas por todos los bordes de las uñas, y después volveremos, de nuevo, a realizar el mismo paso con el palito de naranjo: empujamos bien todas las cutículas para limpiar bien la uña y quitar todas las pieles muertas.

7 Después de limpiar la uña tenemos que cortar las cutículas. Puedes hacerlo con un cortador tipo tijera, o bien con otro tipo que las corta mediante el arrastre. Yo solo recomiendo este paso si tienes alguna piel muy saliente o algún padrastro, porque en realidad tendríamos suficiente con retirar las pieles hacia atrás con el palito de naranjo.

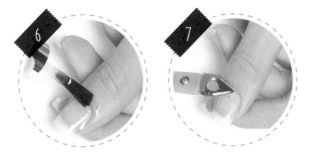

8 Para ir finalizando, vamos a realizar un pequeño masaje en las manos. Repetimos el mismo proceso que anteriormente: aplicamos una pequeña cantidad en el dorso de la mano y la vamos extendiendo por todos los dedos y uñas, realizando un masaje circular.

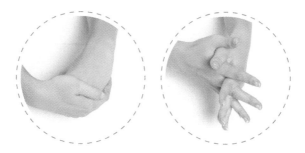

9 Cuando se absorba la crema, es importante que nos lavemos bien las manos con agua y jabón para que, a la hora de pintar las uñas, no tengamos ningún problema.

10 Para finalizar, vamos a pintar las uñas. Es importante que primero apliquemos una base transparente (puede ser un endurecedor, una base con vitaminas o un simple esmalte de brillo), la dejemos secar y, después, apliquemos el color que más nos guste. Para pintar correctamente nuestras uñas, primero empezaremos por el centro y, después, iremos deslizando el pincel hacia los lados.

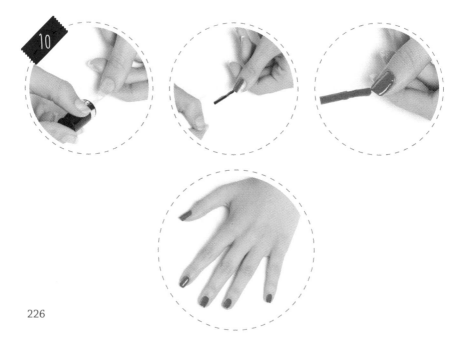

CONSEJOS PARA UNA
PEDICURA PERFECTA

$\mathcal{L}$ os pasos para realizar una pedicura profesional son los mismos que la manicura, pero hay que tener en cuenta una serie de indicaciones para que nos quede perfecta.

1 Tenemos que limar las uñas de forma cuadrada para que no se nos claven en la piel.

2 Después de tirar las cutículas hacia atrás con el palito de naranjo, es bueno exfoliar los pies. Puedes utilizar un exfoliante corporal normal y aplicarlo haciendo movimiento circulares.

3 Una vez exfoliados, los secamos bien y retiramos todas las callosidades con una lima para pies, una piedra pómez o una cuchilla especial para quitar las pieles muertas y los callos.

4 Quitadas las pieles muertas, le daremos un pequeño masaje a nuestros pies con una crema hidratante nutritiva que tengas o alguna especial para tal efecto. Igual que con las manos, extenderemos la crema con un movimiento circular.

5 Es importante secarnos bien los pies y los dedos, sobre todo cuando salimos de la ducha, para evitar que nos salgan hongos.

DISEÑOS DE UÑAS

*Y*en este capítulo aprenderemos a realizar diseños de uñas: ¡todos súper fáciles! Así que toma tus colores preferidos y tus herramientas, y manos a la obra.

Si te gusta realizar diseños en tus uñas, te recomiendo que no te falte una *púa* (como yo la llamo). Si no quieres comprarla, aquí te voy a enseñar cómo hacer una de una manera muy fácil.

1 Lo único que necesitamos son lápices que tengan una goma de borrar en el extremo y agujas que tengan la cabeza redonda.

2 Simplemente tenemos que clavar la aguja en la goma del lápiz.

3 Y ya tenemos nuestra púa lista para utilizar. ¡Y funciona igual de bien, te lo digo yo!

MANICURA FRANCESA

Antes de aprender a realizar diseños de uñas, es importante que aprendamos a hacer la manicura francesa. Es una manicura que queda muy elegante y que hace que nuestras uñas se vean muy bonitas. Además, hay dos maneras de hacerla.

OPCIÓN 1

1 Primero tomamos un color rosado o transparente.

2 Lo aplicamos en todas las uñas.

3 Una vez seca la base, podemos usar unos adhesivos redondos como los que ves aquí. Los acomodas dejando la parte del final de la uña libre.

4 Tomas el color blanco y pintas todo el borde, intentando no manchar la piel.

5 Una vez seco, lo único que tienes que hacer es retirar el adhesivo.

Y ya tenemos nuestra manicura Francesa lista.

EL ADHESIVO REDONDO ES IDEAL PARA CHICAS QUE TENGAN LAS UÑAS DE FORMA MÁS OVALADA. EN CAMBIO, SI TUS UÑAS TIENEN UNA FORMA MÁS BIEN CUADRADA, PUEDES USAR UN TROZO DE CINTA ADHESIVA.

OPCIÓN 2

1 Tomas un trozo de cinta adhesiva.

2 Retiras un poco el pegamento para evitar que se nos desprenda el esmalte base.

3 Colocas la cinta y pintas toda esa parte de la uña, teniendo mucho cuidado de que el adhesivo esté bien pegado.

4 Una vez el esmalte esté totalmente seco, retiramos la cinta adhesiva.

Y aquí tenemos nuestra manicura francesa con la forma un poco más cuadrada.

MANICURA FRANCESA DE COLOR

Este diseño es una versión de la manicura francesa. Puedes realizarla con el color que más te guste, e incluso combinar varios colores. ¡Me encanta cómo queda en tonos atrevidos!

PASO A PASO

1 Tomamos un esmalte transparente o rosita claro

2 Y pintamos todas las uñas.

3 A continuación, tomamos el color que más nos guste

4 Y trazamos una línea recta siguiendo nuestra uña natural. Si tenemos la uña más larga, deberemos hacer una línea más gruesa.

¡ASÍ DE FÁCIL!
Un diseño muy fresco y divertido, ideal para verano.

MANICURA FRANCESA CON DOS COLORES

Otra opción de manicura francesa que se lleva mucho es en dos colores. Es una opción divertida, sobre todo para llevar cuando hace buen tiempo.

PASO A PASO

1 Para realizar esta manicura, tenemos que pintar nuestra uña con un color transparente o bien con un tono rosado translúcido.

2 Una vez secas, tomamos el esmalte de color blanco, y trazamos una línea en horizontal siguiendo nuestra uña natural.

3 Ahora, con el esmalte de color rojo y un pincel fino vamos a trazar una línea más finita por encima, sin dejar ningún hueco.

¡Y YA LO TENEMOS!

Esta otra manicura se lleva muchísimo. Es moderna, divertida y muy sencilla de hacer.

PASO A PASO

1 Necesitamos dos esmaltes distintos, los que quieras. En este caso, he elegido un rosa clarito y otro más oscuro.

2 Tomamos el esmalte más clarito,

3 Y empezamos a pintar todas nuestras uñas con el color rosa claro.

4 Cuando esté totalmente seco, trazamos una diagonal de un lado hacia el otro con el esmalte más oscuro,

5 Y una segunda diagonal desde el otro lado, dejando un triángulo en la parte inicial de la uña.

¡Y LISTA!

MANICURA EN FORMA DE MEDIA LUNA

Y otra de las manicuras más usadas es la de media luna en el inicio de la uña. Es ideal cuando no quieres complicarte con diseños más complejos, pero quieres que tu uña se vea distinta.

PASO A PASO

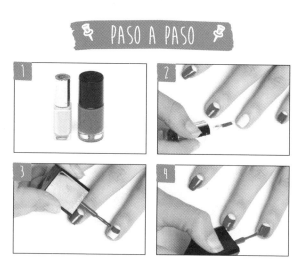

1 Necesitarás, como en la manicura anterior, un esmalte más oscuro y otro más clarito.

2 Empezamos pintando con el esmalte más claro todas nuestras uñas.

3 Una vez secas, tomamos el esmalte más oscuro y trazamos una línea curva en horizontal, dejando la forma de media luna en el inicio de la uña.

4 Finalmente, solo nos quedará rellenar toda la parte de abajo.

¡Y ya tenemos nuestra manicura lista para lucir!

MANICURA CON RAYA AL LADO

Este diseño me encanta, porque es sencillísimo de hacer y da a la uña un aspecto diferente y sofisticado. ¡Atentas!

PASO A PASO

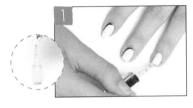 

1 Empezamos pintando todas nuestras uñas con un color clarito. En este caso, he escogido un violeta pastel.

2 A continuación, con un esmalte de color negro y un pincel fino trazamos una línea a un lado de la uña, y la vamos a llevar un poco hacia el centro por la parte del inicio de la uña.

¡ASÍ DE FÁCIL!

DISEÑO DE UÑAS CON FLORES VINTAGE

Veamos cómo realizar unas flores vintage que quedan muy bonitas y elegantes. Hace falta tener un poco más de pulso, pero son muy fáciles de realizar. ¡Atentas!

PASO A PASO

1 Primero reunimos todo lo que necesitamos: una púa para hacer el diseño, un esmalte de color verde, uno de color naranja, uno amarillo y uno rojo, aunque puedes elegir los que más te gusten.

2 Empezaremos con el color amarillo y pintando todas nuestras uñas.

3 Una vez seco el esmalte de la base, tomamos un poco de color naranja con la púa y hacemos dos manchas bastante grandes y desiguales en toda la uña.

4 A continuación, con un poco de color rojo en la púa, hacemos manchas desiguales por encima de la mancha naranja que hemos hecho antes.

5 Finalmente, tomamos un poco de color verde con la misma púa y hacemos dos líneas cortas en cada flor para simular las hojas.

Ya tenemos nuestras
Flores vintage hechas.

DISEÑO DE UÑAS DE LEOPARDO

Si eres más atrevidas y te gusta el estampado "animal print", aquí te dejo este diseño de uñas de leopardo paso a paso, que queda superfelino y muy bonito.

PASO A PASO

1. Necesitamos una púa, un esmalte de color negro, otro de color marrón oscuro y uno de marrón más clarito.

2. Tomamos el esmalte marrón más claro y pintamos todas nuestras uñas.

3. A continuación, tomamos un poco del esmalte marrón oscuro con la púa y realizamos pequeñas manchas desiguales por toda la uña.

4. Por último, tomámos el color negro con la púa y trazamos dos o tres líneas en cada mancha, rodeándola.

¡Y ya tenemos nuestro diseño Felino listo!

DISEÑO DE UÑAS FÁCIL CON PUNTOS

Este diseño es muy socorrido y es genial cuando quieres llevar algo más que solo la uña pintada. ¡Es muy fácil de realizar!

PASO A PASO

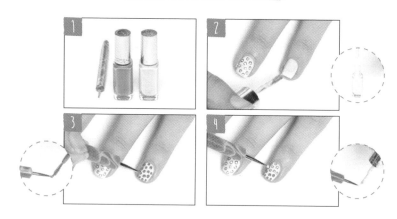

1 Necesitaremos solamente una púa y dos colores de la misma gama. Por ejemplo, yo he escogido un azul claro y un azul oscuro.

2 Primero pintamos con el azul clarito todas nuestras uñas.

3 Cuando esté seca la base, tomamos el azul oscuro con la púa, y hacemos varios puntos más o menos del mismo tamaño por toda la uña.

4 Finalmente, de nuevo con el azul clarito realizamos un punto algo más pequeño encima de los puntos anteriores.

¡ASÍ DE FÁCIL!

Este otro diseño también es muy sencillo, y el efecto que queda es muy bonito.

PASO A PASO

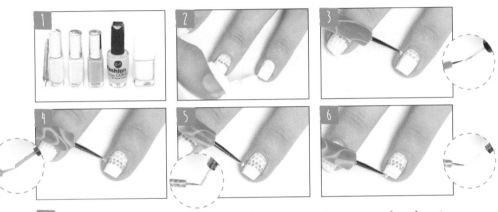

1   Necesitamos una púa, un esmalte de color azul clarito, otro de color violeta pastel, uno naranja, otro amarillo y, finalmente, uno blanco.

2   Primero pintamos con el color blanco todas las uñas.

3   A continuación, tomamos el color amarillo con una púa, y realizamos dos hileras de puntos de este color, empezando por el inicio de la uña. Dependiendo de si tienes las uñas más largas o más cortas, haces más o menos líneas.

4   Hacemos lo mismo con el color naranja, pero justo debajo del amarillo.

5   Es el turno del color violeta: lo tomamos con una púa y hacemos dos hileras más debajo de las dos que hemos hecho anteriormente.

6   Finalmente, terminamos con el color azul clarito las últimas hileras de puntos.

¡Y YA LO TENEMOS!

Nuestro degradado con puntos.

DEGRADADO CON ESPONJA

Otro degradado que puedes conseguir de manera muy fácil es el que se hace con una esponjita. Solo necesitas una esponja de maquillaje que no uses, y dos esmaltes.

PASO A PASO

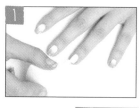

1 Empezamos con el color más claro, en este caso el blanco, pintando todas nuestras uñas.

2 Una vez secas, tomamos la esponjita y ponemos un poco del esmalte del otro color, en este caso un verde.

3 Ahora, a toques, vamos a depositar el color en la parte de debajo de la uña, dejando más cantidad en el extremo de fuera.

4 Con otra esponjita, o por la otra cara, aplicamos un poco de blanco en la parte del inicio de la uña, ayudando así a conseguir un mejor degradado.

¡Y ESTE ES EL RESULTADO!

MODA

MODA

No puedo terminar este libro sin antes tratar un poco el tema de la moda. Hemos hablado del maquillaje, del pelo y de las uñas, pero el tema de la ropa también es muy importante, porque complementa todo lo que hemos comentado hasta aquí.

Muchas veces, no somos capaces de ser nuestras propias estilistas, porque tenemos prejuicios y nos vemos defectos que nos hacen poner barreras que impiden mejorar nuestra manera de vestir. Pero creo que nosotras mismas somos las más indicadas para saber qué es lo que realmente nos puede favorecer, porque nos vemos todos los días y nos conocemos mejor.

La falta de autoestima nos impide aceptar nuestro cuerpo o nuestros defectos. Yo siempre digo que es muy importante aceptarnos tal como somos y, a partir de aquí, empezar a hacer cosas para mejorar.

Siguiendo los consejos que te voy a dar,
TE PODRÁS SACAR EL MÁXIMO PARTIDO.

POR EJEMPLO: mi rutina habitual es ir a clase o al trabajo, después entrenar un poco en el gimnasio y luego salir con las amigas a dar una vuelta. Y el fin de semana, voy a cenar o salgo de fiesta.

Cuando tengo claro todo lo que hago en mi rutina semanal, es el momento de mirar el armario: qué es lo que me gusta, qué es lo que no, qué me falta y qué *looks* quiero mejorar.

POR EJEMPLO: muchas veces no damos importancia a la ropa de deporte, pero si vamos al gimnasio, a correr o a practicar algún tipo de actividad física, tendremos que dar más importancia a nuestra ropa de deporte, y pasa lo mismo, por ejemplo, si salimos mucho de fiesta.

Para comprar ropa adecuada, y que nos veamos bien a la hora de vestir, es importante saber qué tipo de cuerpo tenemos y así aprender a sacarnos el máximo partido.

HAY 5 TIPOS DE CUERPOS DISTINTOS.

Si queremos aprender a reconocerlos, debemos ponernos delante de un espejo sin ropa, o con ropa interior, y ver nuestras proporciones: si los hombros sobresalen más o menos o si están a la misma altura que las caderas, si las caderas son más anchas que nuestros hombros, etcétera. También es posible tener un tipo de cuerpo menos reconocible.

POR EJEMPLO: podemos tener un cuerpo de reloj de arena, pero menos pronunciado, es decir, que dentro de un mismo tipo, hay cuerpos que se reconocen más fácilmente y otros que no.

A lo largo de nuestra vida, puede que lleguemos a tener varios tipos de cuerpo. Eso dependerá de si hemos adelgazado o engordado, sea por las circunstancias que sea.

POR EJEMPLO: si tenemos el cuerpo reloj de arena y engordamos un poco, nuestra cintura se va a ensanchar y puede que lleguemos a tener un cuerpo rectangular. Aun así, insisto, el cuerpo se puede trabajar y llegar a moldear.

Otro factor que debemos tener muy en cuenta es qué es lo que queremos resaltar o esconder de nuestro cuerpo.

POR EJEMPLO: dos chicas pueden tener mucho pecho, pero a una le gusta enseñarlo y resaltarlo y la otra prefiere esconderlo. Así que ya sabes, elige los consejos que realmente te puedan ser útiles, y guíate siempre por tu estilo y forma de vida.

TIPOS DE CUERPOS

CUERPO EN FORMA RECTANGULAR

Los cuerpos en forma rectangular, como el nombre indica, tienen forma de rectángulo, es decir, los hombros y las caderas se encuentran a la misma medida, y la cintura es algo más ancha, de manera que no se aprecian curvas. Además, a este tipo de cuerpos muchas veces les falta pecho.

👍 ¿QUÉ TE FAVORECE MÁS EN LA PARTE SUPERIOR?

- ✓ Elige prendas que se ajusten a tu cintura.
- ✓ Blusas que tengan encajes por la parte del pecho, para dar más volumen y compensar.
- ✓ Chaquetas que lleguen hasta la cintura.
- ✓ Evita los contrastes de color.

- ✔ Los pantalones entubados te sentarán de maravilla.
- ✔ Faldas cortitas y acampanadas, tipo A, tipo globo (más adelante encontrarás la explicación) y siempre con tacones.
- ✔ Apuesta por tejidos que pesen.

💬 TUS PRENDAS ALIADAS

Tops o Faldas péplum, vestidos acampanados, chaquetas entalladas y pantalones a la cintura.

CUERPO EN FORMA REDONDA

Los cuerpos redondos, o también llamados de forma manzana, se caracterizan por tener la parte del medio más grande y voluminosa en proporción al resto del cuerpo. También hay que decir que la cintura está poco definida, los hombros son un poco redondeados y el vientre normalmente sobresale. Este tipo de cuerpo suele tener las piernas y los brazos más delgados, siempre en comparación al cuerpo.

👍 ¿QUÉ TE FAVORECE MÁS EN LA PARTE SUPERIOR?

- ✔ Prendas que tengan líneas verticales y poco entalladas. El cuello tipo imperio es el más adecuado para ti.
- ✔ Blusas, camisetas y camisas con escote V.
- ✔ Colores de la misma gama e intensidad, y que sean muy armónicos. Es importante evitar los contrastes de colores y las líneas redondeadas (cuellos redondos, por ejemplo).
- ✔ Los tejidos finos y que no sean demasiado ajustados son los ideales para ti.

👍 ¿QUÉ TE FAVORECE MÁS EN LA PARTE INFERIOR?

- ✔ Usa prendas, también, que tengan líneas verticales.
- ✔ Faldas poco ceñidas y rectas, que lleguen por la rodilla. Las faldas corte A son ideales para definir la cintura.
- ✔ Los pantalones que sean rectos y de cintura alta, siempre en colores lisos o en tonos oscuros.
- ✔ Colores de la misma gama y que sean armónicos.
- ✔ Los estampados pequeños te favorecerán más que los grandes.

💬 TUS PRENDAS ALIADAS

Zapatos acabados en punta, blusas y camisas drapeadas, camisetas de escote en V, accesorios discretos y pantalones que sean un poco acampanados.

CUERPO EN FORMA DE TRIÁNGULO

Este tipo de cuerpo también es llamado forma de pera, y como su nombre indica, tiene los hombros muy estrechos y bastante finos, comparándolos con la zona de las caderas, piernas y glúteos, que son más anchos.

👍 ¿QUÉ TE FAVORECE MÁS EN LA PARTE SUPERIOR?

- ✓ Las prendas con hombreras u hombros estructurados te sentarán de maravilla.
- ✓ Todos los estampados son ideales para ti.
- ✓ Camisetas, blusas y camisas que sean de colores claritos y que lleguen justo a la cadera.
- ✓ Escotes en U o palabra de honor te sentarán de maravilla.
- ✓ Evita mejor las prendas que sean muy largas.

👍 ¿QUÉ TE FAVORECE MÁS EN LA PARTE INFERIOR?

- ✓ Pantalones de corte recto, que sean de colores oscuros para afinar el cuerpo.
- ✓ Faldas tipo A.
- ✓ Pantalones o faldas de líneas verticales para alargar la figura.

💬 TUS PRENDAS ALIADAS

Chaquetas con hombreras, y camisetas
y tops de colores claros y rayas horizontales.

CUERPO EN FORMA DE RELOJ DE ARENA

El cuerpo en forma de reloj de arena tiene los hombros y las caderas de la misma medida, mientras que la cintura es más estrecha.

¿QUÉ TE FAVORECE MÁS EN LA PARTE SUPERIOR?

- ✓ Todos los escotes te favorecen, pero como ya sabes el escote en V siempre adelgaza más.
- ✓ Blusas de manga corta y ceñidas, mejor que no tengan volantes, para evitar añadir volumen.
- ✓ Te van bien todos los estampados y tipos de tejidos, ya sean más ceñidos o más sueltos.

¿QUÉ TE FAVORECE MÁS EN LA PARTE INFERIOR?

- ✓ Las faldas de tubo te favorecerán mucho.
- ✓ Puedes llevar pantalones de cualquier tipo, color y estampado.

🗨 TUS PRENDAS ALIADAS

Blusas, camisas y camisetas ceñidas y vestidos largos y sueltos.

CONSEJO

Si tu pecho es muy prominente y/o tus caderas muy anchas, intenta evitar las prendas demasiado ceñidas. Si este no es el caso, te recomiendo que sí uses prendas un poco ceñidas, para destacar tus curvas, y hazlo mejor con colores lisos.

CUERPO EN FORMA DE TRIÁNGULO INVERTIDO

Es el que tiene los hombros muy anchos en comparación a las caderas y cintura, que tienen la misma proporción.

👍 ¿QUÉ TE FAVORECE MÁS EN LA PARTE SUPERIOR?

- ✓ Las blusas, camisas y camisetas de colores oscuros, con escote tipo V o corazón y que las mangas (si tienen) sean ceñidas.
- ✓ Las chaquetas que lleguen por debajo de las caderas, sobre todo sin hombreras y con un corte más bien redondeado.
- ✓ Puedes utilizar todo tipo de estampados, pero mejor que sean pequeños y con colores armónicos.

👍 ¿QUÉ TE FAVORECE MÁS EN LA PARTE INFERIOR?

- ✓ Los pantalones y faldas de colores claros o estampados, para ganar volumen en la parte de abajo.
- ✓ Shorts cortos o minifaldas si eres de las que te gusta lucir piernas.
- ✓ Evita prendas muy rectas y ajustadas.

💬 TUS PRENDAS ALIADAS

Los cinturones, los vestidos y las faldas tipo A y con pliegues y las llamadas *trench coat* (chaquetas tipo gabardina).

⊙ ¡MUY IMPORTANTE! ⊙

NO SOLO DEBEMOS FIJARNOS EN LA FORMA QUE NOS FAVORECE, SINO TAMBIÉN EN LOS ESTAMPADOS, LAS TEXTURAS, LOS TEJIDOS Y EL COLOR.

LOS *ESTAMPADOS*

$\mathcal{E}$n general, los estampados grandes aportan más volumen que los estampados pequeños.

LISOS: los claros y luminosos siempre nos aportarán volumen, por ello los podemos utilizar en las zonas que queramos destacar.

OSCUROS Y OPACOS: no aportan volumen y esconden.

CUADROS: todos los cuadros aportan amplitud por su aspecto y volumen si hay un contraste de color. Por ejemplo, los cuadros Harris y Vichy nos aportan poco volumen.

LUNARES: los lunares, con colores de fondo más luminosos aportarán más volumen que si el fondo es de color oscuro. También dependerá del tamaño del círculo (cuanto más grande más volumen) y del contraste.

RAYAS: las verticales nos aportan esbeltez y las horizontales nos aportarán amplitud. También deberemos tener en cuenta el fondo.

FLORALES: las flores grandes nos aportarán más volumen que las pequeñitas.

RESUMIENDO

✔ Si el estampado es grande aportará más volumen.

✔ Si hay contraste entre el estampado y el fondo también aportará más volumen (sobre todo si el fondo es claro).

✔ Si el estampado es pequeño no aportará volumen.

✔ Si hay poco contraste entre el estampado y el fondo (colores más armónicos) no aportará volumen.

LOS TEJIDOS Y LAS TEXTURAS

$\mathcal{D}$eberemos tener en cuenta la caída, el peso, el cuerpo, el grosor, la costura y la textura de los tejidos.

✅ Los tejidos muy gruesos siempre aportarán volumen.

✅ La caída y el peso condicionan el movimiento y dinamismo de la prenda. Para que me entiendas, una prenda holgada y suelta aporta más volumen a una persona que es muy tranquila y que se mueve poco.

✅ El terciopelo, las lentejuelas y la seda, por su acabado, aportan volumen.

✅ Una costura que esté por dentro del hombro nos dará menos amplitud que una que esté por fuera.

✅ Los volantes, los cuellos, puños, dobladillos y las hombreras aportan más volumen.

✅ El cuerpo condiciona la estructura de la prenda. Una prenda rígida te ayuda a moldear tu cuerpo. Por ejemplo, puede darte más amplitud en los hombros.

LOS COLORES

¿CUÁLES NOS SIENTAN MEJOR?

$\mathcal{E}$ ste apartado va un poco de la mano con el de los colores del maquillaje, puesto que comparten muchos principios.

Hay una teoría, la teoría estacional, que nos ayuda a saber qué colores son los que más nos favorecen. Pero ya sabes que es una teoría, y que siempre dependerá de cómo nos veamos nosotras con ese color determinado.

¡SENTIRNOS BIEN LO ES TODO!

En primer lugar, debemos saber qué tono de piel tenemos: cálido o frío. Para saberlo, tenemos distintas formas:

✔ POR EL TONO QUE TIENEN NUESTRAS VENAS DEL ANTEBRAZO. Tenemos que mirar bien nuestras venas con luz natural: si el tono que vemos es más bien verdoso, es que tenemos la piel cálida. Si por el contrario las vemos más bien azuladas, es que nuestro tono de piel es frío.

✔ POR EL COLOR DE LAS JOYAS QUE MÁS NOS FAVOREZCAN. Si nos vemos mejor con joyas doradas, es que nuestro tono de piel es cálido. Si por lo contrario nos vemos mejor con joyas más metalizadas o plateadas, es que nuestro tono de piel es frío.

✔ POR LAS PRENDAS QUE MÁS NOS FAVORECEN. Podemos jugar con los colores de las prendas de distintas formas:

1 Toma una prenda, pañuelo o trozo de tela de color naranja y otra de color rosa fucsia. Con luz natural (siempre luz natural) colócate primero la prenda de color naranja y, después, la de color rosa.

2 Mira bien con qué color te sientes mejor o cuál te favorece más. Si eres incapaz de verlo, pide ayuda a una amiga o a tu madre. Si te favorece más el naranja, es que tu tono de piel es cálido. Si por lo contrario, te queda mejor el rosa, es que tu piel es de tono frío. Puedes hacer lo mismo con un blanco más cálido y un blanco más nuclear, o bien un negro (es el más oscuro de los tonos fríos) y un marrón (es el más oscuro de los tonos cálidos).

3 Ahora, si ya has averiguado qué tono de piel tienes, vamos a especificar un poco más. Dentro de los fríos y los cálidos, pueden sentarte mejor los suaves o los fuertes.

Para averiguarlo, tienes que hacer la misma prueba pero con dos colores de la misma gama. Por ejemplo, si tu tono de piel es cálido y, por lo tanto, te van los tonos naranjas, toma una prenda de un color naranja más oscuro y otra de color naranja más claro. Una vez realizada la prueba, podemos sacar las siguientes conclusiones:

Serás una CHICA PRIMAVERA si te favorecen los colores cálidos y pasteles (más suaves). Normalmente, se trata de chicas castañas, de ojos claros y color de piel clara.

Serás una CHICA INVIERNO si te sientan bien los colores fríos más oscuros. Estas chicas suelen ser morenas, con los ojos oscuros y el pelo oscuro, también.

Serás una CHICA VERANO si te sientan bien los colores fríos pero en tonalidades más claras y pasteles. Suelen ser rubias naturales, con ojos azules y la piel muy clarita (tipo nórdicas).

Serás una CHICA OTOÑO si te van bien los colores cálidos y en tonalidades más fuertes. Suelen ser chicas castañas con una base castaña oscurita, ojos castaños y piel dorada.

Ahora que ya sabemos qué tipo de cuerpo tenemos y lo que debemos tener en cuenta a la hora de escoger las prendas, vamos a hablar de lo que debemos tener en el armario. Todas tenemos ropa, aunque muchas veces nos quejemos de que no. Cuando abrimos el guardarropa y no sabemos qué ponernos, es hora de empezar a ser conscientes de que nuestro armario no tiene las prendas que necesitamos.

En primer lugar, y para que nuestro armario sea funcional, deberíamos tener cuatro tipos de prendas imprescindibles.

PRENDAS DE TEMPORADA: son aquellas prendas que usamos solo en una época del año, por ejemplo en verano.

PRENDAS ATEMPORALES: son las que están en el armario todo el año, y las podemos usar siempre, tanto en invierno como en verano, porque nos permiten infinidad de combinaciones.

PRENDAS DE TENDENCIA: son aquellas prendas que son novedad y nos dan vida, porque nos permiten ir a la moda del momento.

PRENDAS BÁSICAS: son prendas simples, muy funcionales y sobre todo cómodas. Además, son las que deberían ser la base de nuestro armario.

¿Qué porcentaje debemos tener de cada tipo?

Pues la verdad es que eso es algo muy personal. Si eres una chica que te gusta vestir más clásica y discreta, yo te recomendaría que tuvieras más ropa atemporal y básica. Si por el contrario te gusta ir más a la moda, será mejor que tengas más prendas de tendencia y de temporada, aunque eso no quiere decir que no debas tener básicos para completar tu armario.

A continuación, presento algunos consejos sobre qué deberíamos tener en nuestro fondo de armario. Pero ojo, son solo recomendaciones, después influye muchísimo el estilo de vida de cada persona, la imagen que queramos transmitir, las necesidades de cada una, el cuerpo y la personalidad. Con esto me refiero a que si, por ejemplo, no te gusta nada llevar faldas y, además, no te quedan bien o no te sientes cómoda llevándolas, no tienes por qué comprártelas porque yo diga que es un básico que deberíamos tener. Si sabes que no te la vas a poner, no tienes por qué tenerla. Mejor invierte el dinero y el tiempo en tener más pantalones, que seguro que sí los vas a utilizar. Otro ejemplo que te quiero poner es que si vives en un clima más bien caluroso, no tienes por qué comprar abrigos ni chaquetas. Así que este fondo de armario es algo general, después cada una tendrá que elegir aquello con lo que se sienta bien, cómoda y segura.

FONDO DE ARMARIO

$\mathcal{M}$ás bien tendríamos que hablar de básicos del armario, es decir, aquella ropa que nunca nos puede faltar en nuestro día a día y que podemos combinar para crear un *look* más o menos sofisticado según la ocasión. Son prendas funcionales y versátiles que combinan con todo, y que en más de una ocasión nos sacan del apuro. Así que vamos a ver cuáles son esos básicos que no nos pueden faltar, y además,

TE VOY A DAR ALGUNOS CONSEJOS SOBRE
CÓMO ESCOGER LOS ADECUADOS
PARA TU TIPO DE CUERPO.

JEANS

Debes tener mínimo dos. Son ideales porque siempre nos los podemos poner tanto para ir a trabajar, a la escuela y a la universidad como para ir de fiesta con unos buenos tacones. Lo ideal es que uno de ellos sea de un color azul oscuro y de tonalidad uniforme, para ocasiones más formales, y otro más casual para los días de rutina.

👍 ¿CUÁLES SON LOS ADECUADOS PARA MÍ?

Si eres una chica con caderas o tienes barriguita, escoge unos jeans de cintura bastante alta y que además sean acampanados, para contrarrestar volúmenes.

Si estás llenita, mejor escoge unos jeans rectos, sin bolsillos en la parte trasera ni en los laterales.

Si por el contrario estás delgada, usa jeans de tubo o estrechos, porque te van a potenciar mucho más las piernas. Si eres delgada pero tus piernas son más bien arqueadas, ve con cuidado a la hora de llevar jeans muy estrechos, porque te van a potenciar mucho más ese arco.

CONSEJO

Elige jeans que sean elásticos porque son más cómodos y se adaptan mejor a la figura. Es importante que se laven al revés para que no pierdan el color y en agua tibia, a unos 30 °C como máximo.

FALDAS

Lo ideal es que tengas dos como mínimo. Una negra básica de tubo y otra más informal, como tú la prefieras. La negra de tubo te salvará de aquellas ocasiones formales en las que no sabes qué ponerte, como por ejemplo una fiesta o una cena. Este tipo de faldas son elegantes y sofisticadas y superfáciles de combinar, así que normalmente no dan ningún problema.

TIPOS DE FALDAS

FALDA TIPO A: es más ancha de la parte de abajo que de arriba. Va genial a las mujeres con mucho pecho y cadera ancha.

FALDA RECTA: tiene la misma anchura en la parte de arriba que en la parte de abajo. Es ideal para todo tipo de cuerpos.

FALDA DE TUBO: tiene un poco más estrecha la parte de abajo que la de arriba. Es ideal para chicas con curvas. Las deben evitar las chicas con las piernas gruesas.

FALDA CON PLIEGUES O TABLEADA: son faldas que tienen pliegues desde arriba hacia abajo. La ventaja es que las líneas verticales nos ayudan a estilizar el cuerpo.

FALDA GLOBO: es una falda abultada hacia fuera. Ideal para las chicas sin curvas y muy delgadas.

MINIFALDA: es una falda muy cortita, y queda genial a las chicas bajitas.

👍 ¿CUÁLES SON LAS ADECUADAS PARA MÍ?

Si eres bajita, lo ideal es que uses faldas cortas, que no sobrepasen las rodillas para así parecer más alta. También puedes complementar tu *look* con zapatos en color *nude* para alargar las piernas.

Si eres alta, puedes llevar la falda que más te apetezca, ya sea por debajo de las rodillas o por encima. Piensa que una falda cortita dará la sensación de ser más alta.

Si tienes las caderas estrechas, apuesta por faldas con volumen (con pliegues o tipo globo) y evita las faldas muy pegadas al cuerpo, porque harán que se vean aún más estrechas.

Si tienes las caderas más bien anchas y las quieres disimular, lo mejor es utilizar faldas sueltas y anchas. Sobre todo hay que evitar las faldas muy pegadas al cuerpo y las minifaldas.

PANTALONES DE VESTIR

Te recomiendo que tengas dos como mínimo. Pueden ser más o menos entubados, eso dependerá de tus preferencias y de tu tipo de cuerpo. Eso sí, mejor escoge colores básicos que sean fáciles de combinar, como negro, gris, marrón, azul marino, beige o blanco.

TOPS

Deberías tener mínimo tres, uno de un color blanco o crudo, otro negro y otro de algún color más llamativo. Los tops son la prenda que nos podemos poner con todo, ya sea debajo de un suéter, de una camisa o de una *blazer* o chaqueta. En invierno los puedes utilizar como capa para abrigar, y en verano como prenda única para no pasar calor e ir bien fresquita.

👍 ¿QUÉ TOP ES EL MÁS ADECUADO PARA TI?

Si tienes los hombros estrechos opta por tirantes finos.

Si tu espalda es ancha y tienes mucho pecho, lo mejor será escoger tirantes con escote en V. Los tirantes anchos son perfectos para hombros más anchos. Cuanto más ancho sea tu hombro, más ancho deberá ser el tirante, para compensar.

CONSEJO

Siempre escogeremos tirantes separados cuando queramos aumentar, y los tirantes más juntos para esconder y estrechar.

CAMISETAS

Tendrías que tener un mínimo de seis camisetas básicas, de distintos colores (negra, blanca, beige, gris y colores más llamativos), para llevarlas debajo de suéteres, chaquetas o, en verano, usarlas como prenda única.

 ¿QUÉ TIPO ES EL MÁS ADECUADO PARA TI?

ESCOTE REDONDO: es un escote que siempre sienta bien, aunque si tienes el rostro muy redondo yo no optaría por él. Escógelo más bajo si tienes mucho pecho, y un poco más cerrado si no tienes.

ESCOTE EN PICO: opta por él si tienes el cuello ancho. ¡Lo estiliza muchísimo!

ESCOTE CUADRADO: si eres una chica rellenita con las caderas anchas y poca cintura, te quedará genial. También sienta muy bien a las chicas con poco pecho, puesto que lo resalta más.

CUELLO ALTO: nos veremos más esbeltas.

CUELLO CAJA: nos dará más volumen. Ideal si somos muy delgadas o tenemos el cuello muy delgado.

TRUCO

En general, todos los cuellos con líneas que son rectas hacen que nuestro cuello se vea más delgado.

CAMISAS

Como mínimo deberías tener dos: una más básica y otra más llamativa. La básica te recomiendo que sea blanca o negra, porque siempre la vas a poder combinar bien, ya sea con unos jeans entubados o con una falda. La otra, puede ser de cuadros o lisa, a tu elección.

CHAMARRA DE PIEL

Deberías tener como mínimo una chamarra de piel, de color negro o bien de color marrón oscuro. Si quieres que sea un básico, mejor no la escojas con demasiadas tachuelas, ni cremalleras. Lo mejor es elegir una chamarra con el cuello bastante cerrado, y con algún bolsillo, para que sea más cómoda.

VESTIDO BÁSICO NEGRO

Hay que tener como mínimo un vestido básico negro, sencillo, con el que te veas bien y te sientas cómoda. Dependiendo de cómo lo combines, lo podrás usar para el día, para la tarde o bien para la noche.

👍 ¿CUÁL ES EL MEJOR PARA MÍ?

Para escoger nuestro vestido ideal, ya sea el básico negro o cualquier otro, debemos fijarnos muy bien en nuestro tipo de cuerpo.

CUERPO EN FORMA RECTANGULAR

Para elegir un vestido que nos favorezca, tendremos que buscar alguno que nos aporte volumen y esas curvas que no tenemos. Los modelos péplum y los vestidos muy ajustados por la parte de arriba y más largos por la de abajo, sueltos y con volumen.

TRUCO

Si no encuentras vestidos que sean muy ajustados de la cintura, siempre puedes ajustarlo un poco más con un cinturón ancho de color oscuro.

CUERPO EN FORMA REDONDA

Los vestidos más adecuados para ti son los que no sobrepasan las rodillas, tienen el escote corazón o en V, y los que son ligeros, con líneas verticales y colores lisos. Mejor opta por aquellos que no sean demasiado ajustados, y que tengan más bien estampados muy pequeños. Te estilizarán muchísimo los vestidos que tengan la costura que une la parte superior y la inferior en las caderas, y no en la cintura.

CUERPO EN FORMA DE TRIÁNGULO

Los mejores vestidos son aquellos más bien sueltos de la cintura, como las faldas de corte A, y aquellos que tengan volumen en las mangas y el cuello. Los escotes imperio (corte justo debajo del pecho en forma cuadrada) son ideales.

CUERPO EN FORMA DE RELOJ DE ARENA

Tienes que buscar vestidos ceñidos por la parte de la cintura y por la parte de abajo un corte tipo A. Para las telas, lo mejor es que escojas una que sea suave y poco elástica, porque así no enmarcará tanto tus curvas.

CUERPO EN FORMA DE TRIÁNGULO INVERTIDO

Los vestidos que sentarán mejor a este tipo de cuerpo son los que tienen la falda más acampanada y voluminosa. Lo más importante es evitar vestidos muy ajustados por la parte de las caderas. Los vestidos de corte tipo A y faldas plisadas o de volantes son geniales.

BLAZER

Le podemos llamar *blazer* o americana, y creo que todas deberíamos tener como mínimo uno, de color negro o azul marino. Lo podemos usar en el trabajo o para salir por la noche. Al ser negro o azul marino, es más fácil que combine con todo. Seguro que en más de una ocasión nos va a sacar de algún apuro.

SUÉTER

Te recomiendo que como mínimo tengas seis, porque sirven para todo, ya sea para el día a día, para ir por casa o para salir a cenar. Deberías tener los colores básicos (negro, azul marino, beige, blanco, marrón...) antes de comprarte alguno de color más fuerte (rojo, amarillo, verde...).

ABRIGOS

Creo que lo mejor es tener dos como mínimo. Uno más para diario, para ir a trabajar, a la escuela, a la universidad... y el otro más para el fin de semana, para ir de un modo más formal. Anoraks, parkas, abrigos, gabardinas... elige el estilo que más cómoda te haga sentir.

ZAPATOS

Para ir bien servidos, creo que lo mejor es tener seis pares de zapatos, como mínimo. Un par tiene que ser cómodo, para diario: puede ser más tipo zapatilla, o flats de bailarina. De cara al verano, dos pares de sandalias, unas más sencillas y básicas y otras más sofisticadas. Para el invierno, dos pares de botas: unas más para diario, que pueden ser con un poco de tacón o no, y otras más formales, para el fin de semana. Y no nos podemos olvidar de un par de tenis para hacer deporte o para *looks* más *sport*. Aunque los tacones dependen, del gusto personal, yo recomiendo tener almenos unos negros que sean cómodos.

¿QUÉ ZAPATO ES EL ADECUADO PARA MÍ?

✔ Los zapatos que se agarran a nuestra pierna hacen que nuestros tobillos se vean más anchos.

✔ Las botas altas son ideales para chicas que tienen las pantorrillas gruesas.

✔ Los tacones estilizan mucho las piernas, por lo que si las tienes anchas elige zapatos de tacón.

✔ Las puntas redondas son ideales para chicas con pies grandes, porque los disimulan.

✔ Los zapatos acabados en punta, tipo *stiletto*, estilizan mucho el cuerpo.

BOLSOS

Lo ideal es tener tres como mínimo: uno para ir a trabajar o a la universidad, el otro para vestir más de fin de semana y el otro para salir un día por la noche o de fiesta.

👍 ¿QUÉ BOLSO ES MÁS ADECUADO PARA MÍ?

✔ Elige uno de bandolera para tu día a día: son cómodos y además muy prácticos. Dependiendo del volumen de cosas que tengas que llevar, escógelo más grande o menos.

✔ Escoge un bolso de mano grande para ir al trabajo o a la escuela, tipo cartera, *bowling* o *shopper*, para que te pueda caber todo lo que tienes que llevar y más.

✔ Opta por un bolso tipo *clutch* o cartera para la noche. También dependerá del volumen de cosas que tengas que llevar, que lo elijas más grande o menos.

CINTURONES

Tendrías que tener un cinturón. A veces no nos hace falta llevarlo, pero el toque de acabado que da es fenomenal.

PAÑUELOS O FULARES

Todas deberíamos tener dos o tres pañuelos o fulares, como mínimo. Uno de un color básico (puede ser negro, blanco o crudo) y uno o dos de algún estampado más divertido, que podamos combinar con alguna prenda, cuantas más mejor, así les sacaremos más partido.

COMPLEMENTOS

Son los esenciales para completar un *look*, y para darle el toque más formal o informal. Quizá te guste o no llevarlos, pero el consejo que siempre doy es que no te sobrecargues de complementos, porque puedes parecer un árbol de Navidad. Para diario, lo mejor es llevar un reloj básico, unos pendientes discretos y alguna pulsera. Para la noche, puedes arriesgarte con un collar más atrevido.

👍 ¿CUÁLES SON LOS ADECUADOS PARA MÍ?

COMPLEMENTOS DORADOS: favorecen mucho más a las chicas que tienen una piel cálida, es decir, chicas que sean castañas, con ojos también castaños y piel dorada, y también a chicas castañas de ojos claros y piel clarita.

COMPLEMENTOS DE COLOR PLATA: favorecen mucho más a las chicas morenazas, de pelo oscuro y ojos también oscuros, y también a las chicas rubias de ojos azules y piel clarita (nórdicas).

Si tienes el rostro redondo, usa pendientes más bien alargados.

Si eres una chica con el rostro cuadrado, evita los pendientes con formas muy geométricas. Mejor opta por unos que tengan formas más ovaladas.

Si tu rostro es de triángulo invertido, escoge pendientes con la forma contraria, es decir, tipo gota o pirámide.

Si tu rostro es alargado, opta por llevar pendientes redondos, tipo aros y aretes.

CONSEJO

- ✓ Los pendientes largos no ayudan a alargar el rostro, en cambio unos pendientes de botón sí.
- ✓ Los collares alargados te ayudarán a estilizar el cuerpo.
- ✓ Si eres bajita, escoge pendientes pequeños. En cambio, si eres alta, puedes apostar por algunos más grandes.

¿CÓMO TENER UN ARMARIO EN *CONDICIONES?*

𝓛o que debemos hacer es sacar todo lo que tenemos en el armario y deshacernos de aquella ropa que no nos ponemos y que nos da pena donar o tirar, ya sea porque nos gusta pero no nos queda bien, porque nos trae buenos recuerdos o porque no sabemos combinarla adecuadamente.

ES MUY IMPORTANTE QUE PODAMOS VER BIEN TODO LO QUE HAY EN NUESTRO ARMARIO, PORQUE SI NO SIEMPRE ACABAMOS PONIÉNDONOS LO MISMO.

Podemos clasificar la ropa por colores o por tipo de prenda, eso depende ya de cada una.

Cuando hayas sacado del armario toda aquella ropa que no te sirve, es el momento de pasar cuentas: guarda toda la ropa con la que te ves bien y haz un listado con todo aquello que necesitas comprar para renovar tu fondo de armario.

CONSEJOS Y TRUCOS
PARA VERNOS MÁS ALTAS Y DELGADAS

A todas nos gusta que la ropa que llevemos nos siente bien y además nos haga más altas y esbeltas. Muchas veces, cuando nos vemos en el espejo o en alguna foto, no nos vemos tal como nos gustaría, y a veces el problema está en que no sabemos sacarnos el máximo partido. Todas podemos vernos esbeltas, porque eso no tiene nada que ver con nuestro peso, si no más bien con estar proporcionadas y en saber potenciarlo jugando con las prendas y complementos. Así que...

VAMOS A VER ALGUNOS TRUCOS Y CONSEJOS

✓ El cabello corto o recogido estiliza la figura.

✓ Los volúmenes en la parte superior del cabello (moños altos, cardados) ayudan a ganar unos centímetros y dar sensación de ser más altas.

✓ El color negro camufla, esconde y es ideal para vernos más delgadas. Además, es fácil de combinar y nunca pasa de moda.

✅ Las combinaciones monocolor también son ideales para estilizar la figura, así como colores de la misma intensidad.

✅ Si te gusta llevar estampados, lo mejor es que sean pequeños porque así estilizan más.

✅ Puedes usar bolsos de asas largas y bolsos pequeñitos.

✅ Es importante evitar los cinturones muy anchos.

✅ Las prendas de cuello en V son ideales para estilizar el cuerpo y alargar el cuello.

✅ Las rayas verticales estilizan mucho el cuerpo. Eso sí, no todas las rayas verticales alargan, solo las finas. Un consejo: mejor que no estén muy ajustadas a tu cuerpo porque pueden distorsionarlo.

✅ Todos los pantalones, faldas y vestidos que no lleguen hasta los pies, estilizan. Por ejemplo, unos pantalones que dejen ver el tobillo estilizan más que unos que lo esconden.

✅ Para vernos más delgadas, es importante que las faldas y los vestidos no sobrepasen las rodillas.

✅ Las prendas muy brillantes y satinadas nos aportarán volumen, así que es mejor evitarlas.

✅ Los zapatos de tacón nos ayudarán a vernos más delgadas.

✅ Los pañuelos o fulares largos colgados del cuello son un gran aliado para vernos más altas y delgadas.

✅ Los collares largos hacen líneas verticales, por lo que nos adelgazan.

✅ Hay que mantener una buena postura para que nuestro cuerpo se vea esbelto. Para ello, pondremos los hombros hacia atrás, sacaremos pecho, entraremos la pelvis y mantendremos la cabeza recta.

¿CÓMO HACER UNA COMPRA INTELIGENTE?

*C*uando vamos de compras, ya sea solas o con alguien que nos acompañe, solemos ir a las tiendas, mirar todo lo que hay y elegir para probarnos aquello que vemos bonito y que creemos que nos puede sentar bien. Pero muchas veces no tenemos en cuenta cuáles son nuestras necesidades, qué nos falta en el armario, con qué otras prendas podemos combinar aquello que nos vamos a comprar, etcétera. Así que...

VAMOS A VER ALGUNOS CONSEJOS PARA COMPRAR DE FORMA COHERENTE

✓ Para salir de compras, es muy importante llevar ropa cómoda que no pese demasiado. Lo ideal es usar un zapato plano que no cueste quitar y poner, y una camiseta que no nos dé demasiado calor. En el cabello, lo mejor es usar una coleta y, sobre todo, nada de pendientes largos ni voluminosos.

✓ Cuando vayamos a comprar una camiseta, una chaqueta, un suéter o unos pantalones, tenemos que mirar que, como mínimo, nos combine con tres prendas que ya tengamos. Si no tenemos tres prendas combinables, lo mejor será comprar algunos conjuntos o bien no comprar esa prenda. ¡Es importante no comprar piezas sueltas, a menos que no haya necesidad!

✓ Revisa muy bien el presupuesto que te quieres gastar, y cuánto te quieres gastar más o menos en cada tipo de prenda. Normalmente suele pasar que te acabas enamorando de algún suéter o camiseta que no tenías en mente comprar, y luego no tienes suficiente dinero (o te quedas sin) para comprar otras prendas que sí son necesarias. Yo te recomiendo que pagues mejor en efectivo, porque así controlas más todos tus movimientos, y si pagas con tarjeta de crédito, lo mejor es que te pongas un límite o que seas muy consciente de lo que quieres gastarte.

✓ Prioriza el orden de compra, es decir, qué vas a comprar primero y qué vas a comprar último. Yo te recomiendo que lo hagas así, para no gastar más de la cuenta:

1. Las prendas exteriores (chaquetas, abrigos, suéteres, pantalones, etcétera).
2. Las prendas interiores (camisetas, tops, ropa interior, etcétera).
3. Zapatos y bolsos.
4. Las medias y calcetines.
5. Los complementos.
6. Los caprichos que queramos comprarnos.

Es mejor invertir en prendas básicas y atemporales, porque no pasan nunca de moda. Es mejor invertir un poquito más en unos buenos jeans, que en una camiseta floral que puede que la temporada siguiente ya no se lleve tanto. Hay que mirar no tanto el precio, sino la calidad. Para ello, observaremos bien la prenda, las costuras, la etiqueta y los forros.

Cuando te pruebes la ropa, comprueba que no tiene ningún desperfecto. Sobre todo en las rebajas, las prendas suelen tener cremalleras rotas, agujeros e hilos sueltos. También es aconsejable que no te la pruebes sin más, es decir, que cuando la lleves puesta, te asegures que realmente es la adecuada. Puedes caminar un poco, subir las manos, agacharte... para asegurarte que todo está correcto, y que aquel pantalón no se baja demasiado y que aquella camiseta nos permite movernos sin ninguna dificultad.

CONSEJO

A la hora de comprar es muy importante tener en cuenta nuestro estilo de vida. De nada nos servirá si compramos muchos zapatos de tacón, por ejemplo, si salimos por la noche una vez al mes.

AGRADECIMIENTOS

A los dos pilares más importantes: a Carlos y a Claudia porque, sin su trabajo, esfuerzo y dedicación, este libro no hubiera sido posible.

A mi familia, por aguantarme y apoyarme siempre en todo lo que hago.

Y por último y no menos importante, a ustedes. Sí, las que ahora mismo me están leyendo. La verdad es que no tengo palabras para expresar lo emocionada que estoy. Y es que todo es gracias a ustedes, por formar parte de esto y lograr que haya sido posible. Por estar siempre aquí, y apoyarme día tras día en lo que hago. Por sus palabras de apoyo y las muestras de cariño y afecto. Eso es lo que me motiva a seguir. Así que muchísimas gracias, de todo corazón. Este pequeño libro va por y para ustedes. Espero que lo disfruten tanto como yo he disfrutado haciéndolo.

CON LA COLABORACIÓN DE: BABYLISS, BETER, CREATIVE CORNER AGENCY, H&M, L'OREAL PARIS, MODEL ON TOP, NARS, PIUBELLA MODELS, TRENDY MODELS.

$\mathcal{E}$spero que hayas aprendido y, sobre todo, disfrutado mucho leyendo cada una de las páginas que con tanto cariño hemos preparado. Hay mucho trabajo detrás de todo proyecto, pero si se hace con ilusión y ganas, no hay nada que no valga la pena.

Hay que luchar por nuestros sueños porque, ¿quién me iba a decir a mi que ahora estaría sacando un libro propio?

¡NO HAY NADA IMPOSIBLE!

Hasta siempre.
Con mucho amor,

Muak 😊😊

Secretos de chicas de Patry Jordan
se terminó de imprimir en mayo de 2016
en los talleres de
Litográfica Ingramex, S.A. de C.V.
Centeno 162-1, Col. Granjas Esmeralda, C.P. 09810 México, D.F.